지극히 개인주의적 소확행

지극히 개인주의적 소확행

초판 1쇄 발행 ❙ 2019년 02월 11일

지은이 ❙ 전수진·전경욱·최민석·김성환·김승현·한정아·김미려
사 진 ❙ 전경욱
그 림 ❙ 김미려
발행인 ❙ 이혁백

만든 사람들
출판사업부 총괄 이혁백 ❙ **기획 편집** 홍민진·구한나 ❙ **마케팅** 김경섭·최윤호 ❙ **영업** 백광석
디자인 양진규(★규)·박마리아 ❙ **교정교열** 김의수 ❙ **인쇄 및 제본** 예림 인쇄

펴낸 곳
출판사 치읓[치읃] ❙ **출판등록** 2017년 10월 31일(제 000312호)
주소 서울시 강남구 논현동 9-18 4F, 5F ❙ **전화** 02-518-7191 ❙ **팩스** 02-6008-7197
이메일 240people@naver.com ❙ **홈페이지** www.shareyourstory.co.kr

값 14,500원 ❙ **ISBN** 979-11-963097-6-3

이 도서의 국립중앙도서관 출판예정도서목록(CIP)은 서지정보유통지원시스템 홈페이지(http://
www.seoji.nl.go.kr)와 국가자료공동목록시스템(http://www.nl.go.kr/kolisnet)에서 이용하실
수 있습니다. (CIP제어번호: CIP2018036584)

전수진
전경욱
최민석
김성환
김승현
한정아
김미리
지음

알고 보면
당신의 일상에
숨겨져 있는

소중한
점(dot)들

지극히 개인주의적

소×확×행

"너, 정말 행복한 거야?"
새로운 행복 기준을 제시하는 사람들이 말하는
'우리가 늘 놓쳐온' 행복에 관한 일곱 가지 전제

★★★★★
안나의 집
김하종 신부
추천사

★★★★★
배우 홍석천,
도카이大學
김경주 교수
강력 추천

"드디어, 제대로 '행복'하는 법을 알려주는 책이 나왔다."

CONTENTS

DOT 1 행복한 개인주의자가 그리는 아름다운 세상

너, 아직도 꿈꾸고 있니? : 작은 상상이 이끄는 행복 • 9

넌, 지금 어디쯤 가고 있니? : 굼벵이의 행복한 동행 • 19

너는 너, 나는 나, 나로서 충분히 행복해 : 차별화된 나만의 행복 • 28

　이야기를 담은 그림, 첫 번째 • 38
　손끝에 달고 다닐 작고 가벼운 안식처

DOT 2 행복幸福 : 생활에서 충분한 만족과 기쁨을 느끼어 흐뭇함 또는 그러한 상태

잔잔한 물결이 커다란 파도를 만들기까지, Follow up • 43

너무 작아서 미처 보지 못했던 커다란 아름다움의 미학 • 53

　이야기를 담은 그림, 두 번째 • 64
　기도의 선물

나눔을 통해 새로운 세상의 밸런스Balance를 만들어가다 • 66

DOT 3 DREAMS COME TRUE, 꿈을 현실로 만들어가다

돈 한 푼 들지 않는 나의 미래 설계법 • 79

　이야기를 담은 그림, 세 번째 • 88
　스스로의 기쁨이 되다

인간관계에서 배우는 현실적인 인문학 수업 • 90

움직이지 않으면 아무것도 달라지지 않아 • 99

DOT 4 반복된 지루한 일상 속에 숨겨진 행복이라는 선물

아직 처음이야? 쫄지 말고 너만의 특권을 누려봐 • 111

이야기를 담은 그림, 네 번째 • 116
내 마음의 다이어트

HAPPINESS = search my Memory • 118

망중한, 忙 바쁠 망, 中 가운데 중, 閑 한가할 한 • 123

DOT 5 열 개의 행복이 모여 하나의 행복을 만들기까지

리더의 첫 번째 덕목, 선구적先驅的 소확행 • 131

예술은 모르지만 상뻬는 좋습니다 • 139

이야기를 담은 그림, 다섯 번째 • 144
티타임의 애피타이저

1호선 지하철, NPR, 만원버스 그리고 일기 • 146

DOT 6 당신의 행복이 나의 행복이 되는 순간

누군가의 심장을 뛰게 할 때, 비로소 심장이 뛴다 • 155

이야기를 담은 그림, 여섯 번째 • 164
욕실에서의 행복

너, 내 동료가 될래? • 166

짠 내 나는 그 남자의 사랑법이 가르쳐 준 달콤함 • 177

이야기를 담은 그림, 일곱 번째 • 196
살아 숨 쉬는 양초

PART 1

행복한 개인주의자가
그리는
아름다운 세상

너, 아직도 꿈꾸고 있니?
: 작은 상상이 이끄는 행복

"나는 눈을 감고 볼 수 있어. 나를 기다리고 있는 세상. 매일 밤 침대에 누워 백만 가지의 꿈이 나를 계속 잠 못 들게 해. 우리가 만들 세상을 위한 백만 가지의 꿈" I close my eyes and I can see, The world that's waiting up for me. Every night I lie in bed, a million dreams are keeping me awake, a million dreams for the world we're gonna make

– 〈위대한 쇼맨〉의 OST '백만 가지의 꿈(A Million Dreams)' 중 일부

박원서 작가의 저서 《그대, 아직도 꿈꾸고 있는가》를 서점에서 우연히 발견하였을 때 그 제목에 이끌려 책을 산 기억이 아직도 생생하

다. 지금 생각해 보면 난 상상의 세계와 호기심 천국에 살고 있는 여자아이였다.

어렸을 때 살았던 시골집은 그 나름의 다양한 모습과 독특한 냄새를 풍기는 공간들로 이루어져 있었다. 걸을 때마다 삐끗거리는 소리를 내며 군데군데 틈이 보이는 오래된 나무 마루로 이어진 크고 작은 공간들. 어느 공간은 일본강점기에 지어졌다는 횟가루가 날리는 높은 천장이 있는 거실이었고, 또 다른 공간엔 의과대학 병원의 병리학 실험실을 연상시키는 포르말린에 담겨 있는 유리병 속 태아 표본들이 징그럽게, 한편으론 신비롭게(!) 놓여 있었다.

특히, 내가 좋아했던 뒷방 공간에서는 외국 의학 서적들을 비롯하여 먼지를 덮은 오래된 책들이 나만 한 키 높이로 쌓여 있었다. 난 이런 공간들을 분주히 찾아다니며 더 이상 타인의 손이 닿지 않는 보물을 발견한 것처럼 마냥 기뻐하였고 그중엔 우리에게 알려진 자그마한 크기의 〈샘터〉란 월간지도 있었다. 그 책을 통해 바깥세상의 다양한 사람들을 접하면서 언젠간 나도 그들처럼 그 책에 내 이야기를 담고 싶다는 생각을 종종 하곤 했다.

어두운 밤이 되면 나만의 공간에서 눈을 감고 상상의 나래를 펴곤 했다. 그 상상 속엔 피터 팬과 웬디처럼 창문에서 뛰어내려 밤 세상을 구경하기도 하고 때론 요정이 나타나서 세 가지 소원을 들어준다고 하면 '어떤 소원을 빌까?' 하며 행복한 고민에 빠지기도 하였다. 빌고 싶은 소원이 너무 많았던 나에게도 나의 이기심과 바꾸지 못한 소원들이 있었는데, 그중 하나는 부모님을 젊게 만드는 불로장생의 부채였고, 나머지 또 하나는 남북통일이었다. 그중 부채에 대한 소원은 나중에 커서 바이오 전문 투자가 벤처 캐피털리스트 로서 줄기세포기술을 보유한 회사들에 투자하였으니 소원의 일부는 다른 모습으로 이루어진 것이 아닐까.

지금도 생생히 떠오르는 또 다른 상상이 있다. 머나먼 이국 나라인 미국 하버드대 캠퍼스의 큰 나무 아래에서 다른 학생들과 삥 둘러앉아 그들과 웃으며 얘기하는 모습이다. 비록 똑같은 모습은 아니지만, 시간과 공간을 초월하여 내 삶에 들어왔다는 사실을 느낄 때 깜짝깜짝 놀라곤 한다. 10살밖에 안 된, 도시 생활과는 많이 동떨어진 시골 소녀에게서 어떻게 그러한 상상력이 나왔는지 지금의 나로서도 의문이긴 하다.

이렇듯 유년 시절 상상으로 가득했던 그 어린 소녀의 마음도 사춘기를 지나면서 행복한 상상의 날개를 잘 펴지 못하는 순간들이, 아니 아예 날지 못하는 순간들이 오기 시작했다. 몹시도 비가 오는 날에 응급차가 들어갈 수 없는 시골 마을에 임신부 환자를 손수 리어카로 태우고 몇 시간을 거쳐 병원까지 데려오셨다는 아버지, 학교 과제로 한

하운 시인의 '소록도로 가는 길'이란 시를 선택한 나에게 한센병 순우리말: 문둥병에 대한 일본 의학 서적을 일일이 번역해 설명해 주신 아버지, 시험 끝난 날처럼 특별한 날엔 용돈을 주시면서 친구들과 사이 좋게 지내려면 때로 돈을 쓸 베풀 줄 알아야 한다는 그 나름의 인간관계에 대한 철학(!)을 공유해주신 아버지는 어린 나에겐 이 세상에서 가장 인간적으로 닮고 싶은 진정한 영웅이었다.

그러한 나의 든든한 정신적 지주였던 아버지를 막 10대를 벗어나 인생의 초년기에 들어갈 시기에 마음의 큰 준비 없이 폐암으로 떠나보냈다. 그 이후에 그 시절을 다시는 떠올리고 싶지 않을 만큼 한동안 난 괴로워했다. 그러한 상처투성이인 미성숙된 영혼의 나 자신이 바뀌는 계기가 있었다. 어렸을 때부터 아버지의 영향을 받아 관심이 많았던 생명과학 바이오 분야를 본격적으로 공부하기 위해 일본이라는 이웃 나라에 가게 되면서부터였다.

그곳에서 내 삶의 변화는 아주 작은 생각으로부터 시작되었다. 외국에서 이방인으로 산다는 것은 김춘수의 시에서 얘기하듯 내가 그의 이름을 불러주었을 때 그는 나에게로 와서 꽃이 되었다가 아니라 내가 그의 이름을 불러주기 전에 내가 그에게로 먼저 가서 소통하는 인간이 되어야 하는 것이었다. 즉, 내가 먼저 말하고 행동하지 않으면 그들에게 나는 그 나라 말도 못 하는 한 명의 외국인일 뿐이었다.

난 만나는 사람들에게 먼저 웃고 인사하며 때로는 우스꽝스러운 대화도 시도하였다. 이러한 나의 행동은 처음엔 나 자신도 상당히 어색하였으나 결국은 주위 사람들을 거쳐 행복의 부메랑이 되어 다시 나에게 돌아왔다. 그 당시 나의 인간관계에 대한 작은 변화가 나의 두 번째 상상의 날개를 펴게 되는 계기가 되었다는 것은 그 이후에 알게 되었다.

2018년 1월 대전대학교에서 개최한 바이오 실무 전문가 양성 프로그램에서 '바이오 산업 및 투자 트렌드'란 주제로 특강을 한 적이 있는데 그 이후에 연락 온 바이오 전공 대학원생과 따로 대화를 나눌 기회가 있었다. 내가 그녀에게 장래의 꿈에 관해 물어보았을 때 그는 이 세상 그 누구보다 행복한 표정으로 멋진 비즈니스 정장을 입는 것이라고 했다. 그 꿈을 주위 사람들에게 얘기했을 때 다소 실망스러워하는 것 같았다는 얘기도 덧붙였다.

그녀와의 대화를 통해 과거의 두 번째 상상 속 나의 모습이 떠올랐다. 그리고 난 그녀의 꿈이 타인에게 거창하지 들리지 않을지는 모르지만 많은 것은 작은 것에서 시작하고 자신의 소박한 꿈을 이미지화한다는 것은 중요하며 머지않은 미래에 현실화될 수 있을 것이라 얘기했다. 그녀는 실제로 이 대화 이후 몇 달 안에 자신이 원한 바이오 투자사에서 인턴을 하는 기회를 얻게 되었다.

나의 두 번째 상상의 발단은 우연한 장소에서 시작되었다. 1990년 대 말, 교환 학생으로 네덜란드 뇌 국립 연구소에 공동 연구를 하러 가는 길에 국내 서점에 들렀다. 그 당시 Science나 Nature 등의 세계 유명 과학 학술지를 보며 '일반인들을 대상으로 이해하기 쉬운 바이오 전문 서적이나 프로그램이 있으면 얼마나 좋을까'란 생각을 처음 해 보았다. 물론, 지금은 KAIST 바이오 뇌공학자인 정재승 교수와 같이 국내 바이오의 대중화를 위해 힘쓰고 있는 전문인도 있지만 말이다.

그 이후 일본을 떠나 미국으로 건너가 하버드 의대에서 뇌과학 neuroscience 분야를 연구하는 과정 중에서도 그 생각은 내 머릿속에 맴돌며 떠나질 않았다. 그 당시 머릿속에 떠오르는 나의 미래 모습은 그 여학생의 장래의 꿈처럼 비즈니스 정장을 입고 프로페셔널한 여성 MC와 같이 멋진 모습으로 다양한 사람들과 인터뷰를 하고 있었다. 어느 날은 나의 일본 교수님이 또 어느 날은 가끔 마주치는 미국 교수님들이 인터뷰의 상대가 되어 나타나곤 했다. 실험실에서 흰 가운을 걸치고 동물을 대상으로 연구하고 있던 나로서 이러한 미래의 나의 모습은 상상조차 어려운 것이었다.

그러나 그 이후 나의 상상은 몇 년간의 헛된 꿈으로 끝나지 않고 현실로 나타났다. 난 연구자로서의 삶을 떠나 미국 보스턴 한국 총영사관에서 생명과학 전문가로 새롭게 활동하게 되었고 몇 년간 꿈에만 그렸던 국내외 바이오 분야 전문가들과 실제로 인터뷰를 진행하는 기회도 얻게 되었다. 그 당시 보스턴에 계신 한국인 교수님 중에 다소 무모해 보이는 도전에 나를 진심으로 아끼는 마음으로 우려의 목소리를 내신 분도 계셨다. 그러나 이는 상상만으로 끝날 수 있다는 불확실성으로 인해 다른 사람들과 공유하지 못했던 내 마음속에만 있던 소중한 꿈이었다. 그리고 이 커리어 선택에 대해서는 지금까지 한 번도 후회해 본 적이 없다.

그 이후에 난 다시 세 번째의 상상 속 나, 아직 일어나지 않는 미래의 나의 모습과 마주쳤다. 비즈니스 세계를 좀 더 알기 위해 가게 된 하버드 의대와 MIT 슬론 경영대학원에서 바이오와 경영을 접목한 Biomedical Enterprise Program에서 공부하던 중이었다. 2008년에 약 1년간 간헐적으로 파노라마같이 스쳐 지나간 미래의 나는 한국인 일반 대중 앞에서 너무나 행복한 모습으로 내 인생 이야기를 하고 있었다. 그때까지 내가 접한 대중은 일반인들이 아닌 학회에서 만날 수 있는 바이오 분야에 있는 사람들이기에 왜 이런 모습이 나에게 떠오르는지에 대해서는 의구심이 있었다. 작년 여름까지도 몰랐지만 이 세 번째 상상 속 나의 모습이 '행복을 주제로 쓰고 있는 이 책과 연관이 있지 않을까'란 생각이 점점 들고 있다.

지금은 고인이 된 스티브 잡스Steve Jobs 는 2005년 Stanford 대학 졸업식 축사로 세 가지 스토리로 구성된 연설을 한다. 그 스토리 중 하나로, 그는 Reed College 중퇴 후 우연히 서체학 강좌를 듣게 되고 그로부터 10년 후 첫 번째 매킨토시 컴퓨터 설계에서 그 당시 배운 서체를 응용하게 되었다. 이 경험을 토대로 그는 연설에서 다음과 같이 말했다.

"여러분은 앞미래을 보며 점dot 을 연결할 수는 없습니다. 나중에 뒤과거를 보면서 연결할 수 있습니다. 따라서 점들이 어떻게든 당신의 미래에 연결될 것을 믿어야 합니다. 이것이 용기, 운명, 삶, 카르마 업보 무엇이든 간에 믿어야 합니다. 이는 결코 나를 실망시키지 않았고, 그것은 내 인생에서 모든 변화를 가져 왔습니다." You can't connect the dots looking forward; you can only connect them looking backward. So you have to trust that the dots will somehow connect in your future. You have to trust in something — your gut, destiny, life, karma, whatever. This approach has never let me down, and it has made all the difference in my life.

난 과거의 우연한 점들이 미래에 연결된다는 그의 말에 격렬히 공감한다. 그리고 그 작은 점들로 연결된 그의 미래가 행복하였을 것이라 확신한다. 그가 췌장암으로 투병하며 죽는 마지막 순간까지도 애플Apple에 대한 열정을 포기하지 않았기 때문이다. 나도 과거에 나의 상상이 현실화된 계기를 통해 론다 번Rhonda Byrne의 《더 시크릿》에서 말하듯 간절히 원하면 이루어질 수 있다고 믿는다.

그런데 꿈들은 다양한 모습으로 우리에게 나타난다. 평창 동계올림픽의 스켈레톤 경기에서 우리에게 금메달을 선물한 아이언맨 윤성빈 선수의 인터뷰에서 "시상대에 오르는 상상은 매일 밤 했다. 계속 생각하고 바라면 이루어진다는 것을 오늘 알았다"라고 했다. 여기에서 볼 수 있듯이 윤성빈 선수처럼 구체적인 목표를 향해 꿈을 꾸는 사람들이 있는가 하면 스티브 잡스처럼 우리에게 준비된 미래를 모르지만 우연한 점들이 꿈의 미래로 연결되는 것을 보는 사람들도 있다.

지금은 눈앞에 작고 소소해서 때로 그냥 지나칠지도 모르는 단편의 생각이나 행동들이 결국 미래엔 나비효과Butterfly Effect: 국의 기상학자 에드워드 로렌츠가 주장한 나비의 작은 날갯짓이 지구 반대편의 토네이도를 발생시킬 수 있다는 이론으로 작은 일이 나중에는 큰일이 될 수 있다처럼 우리에게 어떻게 다가올지 모른다. 다만, 난 미래의 또 다른 모습의 나를 만나기 위해 지금도 작지만 행복한 상상의 나래를 펼치고 있으며 예전과 달리 그 상상의 모습을 내 마음속에 구체화시키기 위하여 또한 미래에 현실화하고 싶다는 소망으로 주위 사람들과도 공유하고 있다. 지금이 순간에도 말이다.

넌 **지금 어디**쯤 가고 있니?
: **굼벵이**의 **행복**한 **동행**

아침에 들려오는 새소리는 오월의 나를 행복하게 한다. 텅 빈 듯한 집의 공간은 미니멀 라이프를 추구하는 나를 행복하게 한다. 따뜻한 한 잔의 커피와 달콤한 초콜릿이 일하는 나를 행복하게 한다. 나를 행복하게 하는 것이 어찌 이것뿐이랴. 가족들의 수다, 그 누군가의 마음 따뜻한 눈빛, 훌쩍 떠난 여행길에 마주친 새로운 광경, 알 수 없는 내 인생의 무대에 흔쾌히 동참해준 소중한 사람들….

일본에서 내가 살던 곳은 오사카 大阪 **시내로부터 북쪽에 위치한**

원숭이 폭포로 알려진 미노箕面 라는 작은 도시다. 난 이곳에 위치한 오사카 국립대학의 나가이永井 교수님 밑에서 우리 눈의 시신경과 직접 연결된 아몬드 크기의 작은 뇌 영역인 시각교차 위핵SCN 이 생체시계biological clock 의 역할 외에 또 다른 역할을 하고 있는지에 관해 연구하고 있었다.

동물 애호가들에겐 미안한 이야기지만, 매년 일 년에 두 번씩 실험용 쥐들rats 을 가지고 일본쌀 고시히카리과 일본술 사케로 유명한 니가타新潟 의 니이지마新島 교수님 자택으로 공동 연구하러 가곤 했다 교수님은 니가타 국립대학 정년 퇴임 후 본인 집에서 자그마한 실험실을 마련하여 꾸준히 연구 활동을 하고 계셨다. 고故 니이지마新島 교수님은 뇌신경 분야의 전기생리학electrophysiology 대가로 알려진 분이었다. 오사카에서 니가타까지는 가장 빠른 기차인 신칸센이 다니지 않았고 국철을 타고 일본에서 바라본 동해를 보며 온종일 가곤 했다. 천천히 가는 기차 안에는 봄과 가을의 다른 풍경들이 눈에 들어오곤 했다. 나는 내 인생을 돌아보면 참 굼벵이와 같이 천천히 기어가고 있다는 느낌이 문득문득 든다. 어머니의 태몽 얘기에 항상 등장하는 갈기가 없어서 암사자인 줄 알았다는 그 사자가 '헉' 하고 소리를 내지를 만큼 돌아 돌아가고 있는 인생길.

재일교포 출신의 일본 국민 가수였던 고故 미소라 히바리美空ひばり 의 대표곡인 '강물의 흐름처럼川の流れのように'에는 이런 가사가 나온다.

"울퉁불퉁한 길, 굽어진 길, 지도에도 없지만 그것 또한 인생でこぼこ道や 曲がりくねった道 地圖さえない それも また 人生"

난 학계에서는 뇌과학자로, 정부 섹터에서는 한-미 간 바이오 소통communication 전문가로, 민간 기업 섹터에서는 바이오 투자 전문가로서 다양한 경험을 하며 흥미로운 삶을 살아왔다고 자부해 왔다. 그러나, 때로는 톰 크루즈Tom Cruise 영화인 〈엣지 오브 투모로우〉의 reset story와 같이 한발 나아간 인생이 다시 한발 전으로 돌아가는 느낌을 떨칠 수 없었다. 가끔 나에게 한 방에 대박 날 수 있는 바이오주가 무엇인지 묻는 이들이 있다. 나는 그들처럼 초음속 비행기인 콩코드로 하늘을 나는 한방 인생을 생각해 본 적은 별로 없었으나 신칸센처럼 고속철도로 달리는 인생은 생각해 보았다. '왜 나에게 그런 삶이 안 주어질까?' 자문하다가도 대기만성의 인생이 역시(!) 최고일 것이라 위로하며 살아왔다.

항상 돌아가는 길 덕분에 남들이 쉽게 지나칠 수 있는 일들이 때때로 눈과 마음에 들어왔다. 개개인의 유전적 DNA가 다 다른 만큼 각자 느끼는 행복도 당연히 다르겠지만 남들이 보기엔 행복의 나라에만 갇혀 살 것 같은 사람들이 행복을 못 느끼는 것도 보아 왔다. 물론 그 반대 경우도 봤지만 말이다. 난 학생 때엔 IQ가 멘사 회원 수준인 뇌섹남뇌가 섹시한 남자, 뇌섹녀뇌가 섹시한 여자인 천재들은 무조건 행복할 것 같았다. 물론 우린 미디어를 통해 '그들은 정말 행복했을까' 라는 의구심을 느끼게 하는 천재들도 안다. 영화 〈Beautiful Mind〉의 주인공이었던 1994년 노벨 경제학 수상자 고故 존 내쉬 John Nash 박사, 영화 〈Rain Man〉에서 더스틴 호프만 Dustin Hoffman 에 연기한 서번트 증후군 Savant syndrome 을 가진 천재 주인공, 네덜란드 대표적인 화가 고故 빈센트 반 고흐 Vincent van Gogh 가 그 예일 수 있다.

그러나 실제로 행복해 보이는 일반인 중에 의외의 인물도 있다. 지인 중에 15살에 미국 명문대학에 입학하고 현재 하버드 의대 교수로서 그 많은 석학 사이에서도 천재라고 불리는 사람이 있다. 평생 엘리트로 살아온 그는 대학 생활 동안에 정신이 마음과 분리되는 듯한 정신분열증 증상을 느꼈고 지금도 만성 우울증에 시달린다. 선천적으로 타고난 뇌섹녀로서 만인의 부러움의 대상인 그녀에게 들은 얘기는 실로 믿기 어려웠다. 그리고 자신이 겪어온 우울증을 너무도 잘 알기에 인류를 위하여 부작용 없는 항우울증 치료제를 만드는 것이 목표인 그녀가 인간적으로 너무 멋진 사람으로 나에게 와 닿았다.

우린 모든 것에는 동전과 같이 양면성이 존재한다는 사실을 잘 알면서도 항상 한 면에만 집착하는 경향이 있다. 20대에 가족을 잃은 슬픔과 자기 연민에 빠져 있던 나에게 격한 공감을 느끼게 만든 고故 안톤 슈낙 Anton Schnack 의 《우리를 슬프게 하는 것들》을 최근에 다시 읽어보았다. 예전에는 분명히 절절히 내 마음 깊이 와 닿았던 그 문구

하나하나가 왜 이리 낯설게 느껴지던지…. 시각을 바꾸어 문장 하나하나를 읽다 보니 굉장히 다른 의미로 나에게 와 닿았다.

"울고 있는 아이의 모습은 우리를 슬프게 한다."

잠시 눈앞에 사라진 엄마를 다시 만나 행복해서 우는 아이라면?

"대체로 가을은 우리를 슬프게 한다. 게다가 가을비는 쓸쓸히 내리는데 사랑하는 이의 발길은 끊어져 거의 일주일이나 혼자 있게 될 때"

난 비를 좋아한다. 비가 오는 가을날 산자락 끝 집에서 일주일간 홀로 마음도 비로 적시며 책 집필 중이라면? 그런데 읽어 내려가다 보니 세월이 흐른 뒤에도 아직도 나를 슬프게 하는 구절을 발견하였다.

"옛 친구를 만났을 때. 학창 시절의 친구 집을 방문했을 때, 그것도 이제는 그가 존경받을 만한 고관대작, 혹은 부유한 기업주의 몸이 되어, 몽롱하고 우울한 언어를 조종하는 한낱 시인밖에 될 수 없었던 우리를 보고 손을 내밀기는 하되, 이미 알아보려 하지 않는 듯한 태도를 취할 때"

나도 최근 대기업에서의 사회생활 중에 거만한 인간의 비굴한 아부가 우리를 슬프게 만들며, 인간다움이 느껴지는 리더의 따뜻한 말 한마디가 우리를 춤추게 하는 현실을 종종 경험하곤 했다.

요즘 난 숫자 '3' 이 주는 매력에 푹 빠져 있다. 지금까지 나에게 주어진 '3'번째 상상 때문인지, 고故 피천득 수필《인연》에서 그와 아사코와의 '3'번의 인연에 익숙한 탓인지는 모르겠다. 나 어릴 적 어머니는 누구에게나 먹을 것을 나누어 주실 때는 항상 한 개는 정이 없고, 두 개는 부족하고 세 개가 좋다고 하시면서 상대가 부담 느끼지 않게 하는 그녀만의 넉넉한 인심을 보여주셨다. 난 아마도 이 '3'이란 숫자를 통해 인간다움을 느끼고 있는 것은 아닐까.

구르는 재주가 있다(!)는 굼벵이 인생을 살면서 나에게 종종 붙는 수식어가 있다. 바로 Network Queen, 시쳇말로는 소통하는 뚜쟁이다. 누군가 말했듯 '3'쌍을 부부의 연으로 맺어주면 천국에 간다는 말에 이 세상에 태어나 좋은 일 해보겠다는 신념(!)으로 지금까지 두 쌍의 머리를 깎아준 뚜쟁이로서의 능력을 발휘하여 사회생활에서도 비즈니스와 비즈니스 간에, 더 나아가 나라와 나라 사이를 연결하는 삶을 살아왔다. 그리고 이 일을 하는 과정에서 사람 간에 믿는 것, 특히 믿어 준다는 것이 얼마나 중요한지 절실히 느껴 왔다.

난 가족과 있을 때 나의 가장 인간다운 모습으로 있다. 아마도 이는 그들이 어떠한 모습의 나라도 믿어줄 것이라는 강한 믿음으로부터 나오는 것이 아닌가 싶다. 지난 몇 년간 언론을 통해서 대두되고 있는 4차 산업혁명이 보장하는 미래 사회의 모습은 분명히 우리에게 지금보다 더 편리하고 스마트한 삶, 육체적으로 건강한 삶일 것이다. 많은 사람이 인공 지능 AI Artificial Intelligence 가 강조되는 미래는 단순한 노동이 요구되는 직업은 없어질 것이라고 비관적으로 보고 있지만, 역으로 생각하면 AI가 갖기 힘든 인간다움이 필요한 직업군은 생존할 것이라고 굳게 믿는다. 과연 AI가 상대를 믿고 믿어주면서 단순히 머리brain 가 아닌 마음mind 을 담아 소통하는 역할을 할 수 있을까? 난 지금도 마찬가지겠지만 앞으로의 미래는 인간다움을 중시하는 이들이 사회적으로 더 크게 부각되는 사회가 되지 않을까 싶다.

우리는 누구나 리더가 될 수 있다. 리더십은 자신 개인의 삶을 주체적으로 이끌어가는 나만의 리더십으로부터 개인을 벗어나 구성원이 있는 조직의 리더십까지 다양한 종류의 리더십이 존재한다. 리더십은 역사도 바꾸어 놓는 강력함을 갖고 있기에 진정한 리더십이 무엇인가는 인류의 관심사이기도 하다.

예전에 HP Hewlett Packard 의 여성 CEO 출신이자 한때 비즈니스 세계에서 가장 powerful한 여성으로 꼽혔던 칼리 피오리나Carly Fiorina 의 리더십 강의를 들을 기회가 있었다.

"비즈니스는 사람에 관한 것입니다. 그리고 리더십은 사람을 모으는 것입니다. 사람들과 연결될 수 있다는 것은 성공의 필수 요소입니다."Business is all about people, and leadership is about bringing people together. Being able to connect with people is an essential ingredient to success.

그녀의 이 말들이 바로 인간다움, 즉 인간 중심의 리더십을 잘 표현하지 않았을까 싶다. 그런데, 이 말 중에 어떻게 연결connect 할 것인가에 우리의 미래가 달려있다고 생각한다. 나 자신의 인생을 믿는 리더십, 남의 자녀와 비교하지 않고 자신의 자녀를 믿어주는 부모의 리더십, 개천에서 더 이상 용이 나오지 않는다는 부정적인 사회적 통념을 깨는 리더십, 동료 및 조직원을 믿어주고 이끌어주는 인간다움의 리더십은 미래의 어떤 기술도 절대로 대체할 수 없는 모습이다.

현대 사회에서 우린 생각보다 많은 시간을 사회가 만들어 놓은 틀 안에서의 '나'라는 존재로 살고 있다. 예를 들어, 자신을 소개할 때도 ○○ 회사명의 ○○○ 이름 ○○ 직책명으로 산다. 누구에게든 사회 활동의 성수기와 비수기가 있다. 설사 자신이 설립한 회사라 할지라도 죽을 때까지 비수기는 다양한 모습으로 올 수 있다. 성수기는 20~50대 또는 비성수기는 정년 이후부터가 아니다. 성수기와 비수기는 나이와 관계없이 언제든지 찾아올 수 있다.

난 몇 년 전 새집증후군 원인이라고 알려진 포름알데하이드약 35~40%의 포름알데하이드 수용액이 흔히 방부제로 사용되는 포르말린이다와 같은 유기화학물질에 급성 알레르기 반응이 와서 일시적으로 병원에 입원한 적이 있다. 나의 비수기가 아무런 준비 없이 시작되었고 이 시기에 한결같은 가족과 친구들도 있었으나 슬프게도 달라진 사람도 보았다. 비수기의 나도 성수기의 나도 똑같은 나인데 말이다. 그 이후 이 굼벵이의 알 수 없는 인생길에서 행복한 동행을 해주는 사람들을 만났다. 이 책을 통해서 만난 소중한 사람들처럼. 이제 난 인생의 비수기가 다시 온다 해도 가족과 그들과 더불어 준비된 행복을 느낄 수 있을 것이라 생각한다. 사람의 진정한 가치는 그 무엇으로도 환산할 수 없다는 것을 느끼면서.

너는 너, 나는 나, 나로서 **충분히 행복**해 : **차별화**된 **나만**의 행복

난 최근 자동차를 몰면서 도로에서 인생을 배운다. 이 많은 차들은 다 다른 곳에서 왔고 서로 앞서거니 뒤서거니 하면서 가지만 각자의 종착지는 다르다. 우리가 살면서 남들보다 추월해서 좀 더 앞에서 달린다고 또한 뒤에서 달린다고 그 순간에 남보다 우월하거나 열등하다고 생각할 필요가 없다는 사실을 깨닫는다. 결국 나의 인생의 최종 도착지는 남의 그것과 다를 테니까….

우린 백세 시대를 꿈꾸며 살아간다. 그러나 최첨단 의료 기술 산업

지극히 개인주의적 소확행 • 전수진

발전이 무색하리만큼 우리 20대부터 노년층에 이르기까지 전 세대에 걸쳐 마음의 병을 앓는 환자가 급증하고 개개인의 소소한 행복은 먼 나라의 이야기가 되어 가고 있다. 난 행복의 나라는 다른 데 있는 것이 아니라 나와 너, 우리 마음속에 있다고 믿는다. "작은 것을 보고 느끼고 꿈꾸며 행복의 나라로 갑시다"라고 목청 놓아 힘차게 노래 부르고 싶다.

우리 몸을 구성하고 있는 하나의 세포가 다른 세포들과의 유기적 관계를 통해 기능이 원활하게 돌아갈 때 우리는 건강한 신체를 유지할 수 있으며 이 관계에 불협화음이 생기면 아프게 된다. 신체와 마찬가지로 우리 사회에도 불협화음을 낼 수 있는 요인들이 존재한다. 사회 계층 간의 벽, 부모와 자식 간의 벽, 세대 간의 벽, 남녀 간의 벽, 종교 및 이념 간의 벽 등 보이지 않는 수많은 벽들의 존재는 나이 또는 성별을 막론하고 이 시대의 모든 이들을 아프게 한다.

이 벽들을 이루는 벽돌들은 인체의 세포들처럼 하나의 '나'와 무수한 '너'로 존재한다. 간혹 불행을 자기 연민으로 받아들이거나 행복에 큰 의미를 부여하지 않는 염세주의자나 허무주의자가 아니라면 이 세상 사람들 대부분은 누구나 행복하길 바랄 것이다. 그리고 이 세상에 한 번 태어나서 각자에게 주어진 유한한 시간을 살고 떠나는 인생의 무대에서 현실이 아닌 가상 세계를 통해서라도 이루어지길 바랄 만큼 행복에 대한 인간의 욕망은 끝이 없다. 나 또한 예외는 아닌지라

책을 쓰고 있는 이 순간에도 행복해지고 싶고, 지금 누리는 행복이 사라질 것을 순간순간 두려워하기도 한다.

개개인의 행복의 기준은 각자의 행복 결정 요인 및 만족도에 따라 다르기 때문에 타인과 정량적으로 비교할 수 없기도 하다. 그런데 우린 살면서 미국의 희극가인 고故 찰리 채플린Charlie Chaplin 이 남긴 "인생이란 가까이서 보면 비극이고, 멀리서 보면 희극이다"Life is a tragedy when seen in close-up, but a comedy in long-shot 란 말이 절실히 마음속에 와닿는 순간이 생긴다. 특히 자신이 누려야 할 행복을 타인만이 누리고 있는 것처럼 느껴지는 것이다.

2018년 1월에 개최된 평창 동계올림픽에서도 볼 수 있듯이 "우리나라 대한민국"이라고 전 국민이 외치는 우리만의 공동체 의식은 한국을 이끌어 나가고 있는 원동력이다. 그러나 이 공동체 의식이 나와 너를 양면 거울에 비춰보는 비교 문화를 부추겨서 나만 비련의 인생 주인공처럼 느끼게 만들 수도 있고, 벽들의 불협화음을 증폭시키는 시너지(!) 효과도 가져올 수 있다.

2004년에 출간된 리처드 니스벳RIchard Nishett 의 《생각의 지도 The Geography of Thought: How Asians and Westerners Think Differently...and Why》에는 서양인은 개인주의적 관점을 갖고 있어서 각각의 개체를 가리키는 명사를 중심으로 세상을 바라보고 동양은 집단주의적인 관점으로 전체적 맥락 속에서 일어나는 상호작용을 가리키는 동사를 중심으로 세상을 본다고 한다. 이렇듯 보는 시각이 다른 동양인과 서양인에게 행복의 개념이 다르다고 결론짓고 있다. 타인과의 관계 및 주변의 환경이 무엇보다도 중요한 동양인으로서 우린 남과 비교하는 시각이 자연스럽게 형성되었는지도 모른다. 그리고 각자만의 행복의 기준을 사회의 척도에 맞추어 자신과 남을 끊임없이 비교하면서 보이지 않는 마음의 벽을 열심히 쌓고 있다.

"행복은 성적순이 아니잖아요"라고 부르짖는 아이와 "그래도 행복은 성적순이야"라고 말하는 부모. 엄친아 엄마 친구 아들, 엄친딸 엄마 친구 딸을 선호하는 사회, 금수저, 흙수저 등 사회 계층론을 운운하는 신조어가 유행처럼 번지는 비교 문화 안에 살면서 너는 너, 나는 나라는 지극히 개인주의적인 사고로 살기란 정말 힘든 일이다. 남을 있는 그대로 쿨하게 인정하고 받아들이면 생각보다 마음도 편하고 남의 삶에도 신경이 별로 안 쓰인다. 누구는 예뻐서 인기가 많고 누구는 돈이 많아서 땅을 샀다고 배 아파하지 않는 것이다.

그러나 이것이 말처럼 쉬운 일인가? 그리스 신화의 판도라의 상자에서 나온 인간의 원초적인 본능인 욕심, 질투, 시기 등을 속세를 떠난 수도승처럼 억지로 눌러 보라고 하는 것인데 말이다. 그럼, 시각을 바꿔서 남을 인정할 자신이 없다면 나 자신을 인정하는 용기를 내어 보는 것은 어떨까. 외모도 스펙 중 하나라는 세상이지만 첫눈에 이성을 확 사로잡는 아름다움이 아닌 남들과는 다른 매력이 온몸에서 뿜어져 나오는 사람들을 종종 보곤 한다. 나태주의 풀꽃에서 나오는 "자세히 보아야 예쁘다, 오래 보아야 사랑스럽다, 너도 그렇다"란 문구처럼 말이다.

　우리에게 잘 알려진 질환 중엔 자가면역질환Autoimmune Disease 이 있다. 이는 암세포와 같은 적군인 non-self 세포를 공격해야 하는 내 면역 세포가 내 몸 안의 아군인 self 세포를 공격함으로써 생기는 치명적이며 만성적인 질환이다. 한때 행복 전도사로 알려진 고故 최윤희 씨의 삶을 포기하게 만든 것도 루푸스Lupus 라는 자가면역질환이었다. 건강한 육체는 면역체계를 정상적으로 작동시켜 non-self 세포를 공격하고 몸의 평화를 유지하게 한다. 그런데 우리 현실 사회는 그렇게 간단하지 않다. non-self인 너와 self인 내가 공존하며 살고 있다. 마음의 평화를 유지하고 행복을 느끼기 위해서는 자가면역질환처럼 유일한 아군인 나 자신을 공격하면 안 되는 것이다. 즉, 너와 나는 근본적으로 다르다는 단순 명료한 사실을 간과하면 안 된다고 생각한다.
　지난 구정 때 가족 모임에서 "세상에 어떤 사람들이 가장 성공할까"란 주제의 이야기가 나온 적이 있다. 조카들은 대학을 중퇴한 사람들이 가장 잘 되는 것 같다고 했다. 어른들이 기대한 뻔한(!) 대답과는 너무 달라 박장대소하였지만 실제로 지금은 고인이 된 애플의 스티브 잡스나 페이스북Facebook의 마크 저커버그Mark Zuckerberg는 다 대학에서 중퇴drop-out한 케이스다. 물론, 혹자는 그들이 남들과 다른 길을 선택했지만 천재이기 때문에 성공할 수 있었다고 말한다.

가끔 TV에서 영재 발굴단이란 프로그램을 보는데 그 프로그램에 나온 아이들의 재능을 보면서 감탄해마지 않는다. 물론 영재 아동이 모든 것을 다 잘하는 super boy나 super girl은 아니다. 그러나 내 눈에 그들은 분명히 남과 확연히 다른 재능을 갖고 태어났고 그 재능을 자신만의 차별화된 강점으로 극대화시킬 줄 아는 아이들로 비친다. 이러한 차별화differentiation는 광고나 쇼핑몰에서 쉽게 접할 수 있는 소비자를 위한 상품 및 고객 서비스와 같은 마케팅으로부터 기업 문화에 이르기까지 현대 사회의 각 분야에서 중요한 핵심 전략으로 간주되고 있다.

우린 주위에서 남들과는 차별화된 사고방식 및 행동을 통해 나만의 행복을 찾아가는 사람들을 발견할 수 있다. 내가 발견한 사람들 중 이러한 성향이 가장 강한 사람들은 바로 창업가entrepreneur 마인드를 갖고 있는 사람들이다. 스티브 잡스나 마크 저커버그도 이 범주에 속한다고 볼 수 있다. 그리고 내가 일한 국내 대기업에서 혁신적인 창업가 마인드를 갖고 바이오제약 시업을 성공적으로 이끄신 CEO도 이러한 좋은 예시가 아닌가 싶다.

그럼 모든 사람이 창업가가 될 수 있는가. 창업가 DNA 말을 들어본 적이 있을 것이다. 즉, 창업가 성향을 갖고 있는 사람은 따로 있다는 것이다. 이 사회에서 내가 나로서 충분히 행복하게 살기 힘든 이유 중의 하나가 인간 개개인이 근본적으로 다르다는 사실을 인지하지 못하고, 단지 같은 사회에 속하는 인간이라는 공통분모로서 하나로 묶는 사고의 오류에서 오는 것이 아닐까 싶다. 그 예로 한국인이라는 공통분모로 묶는 이 사회에서는 남이 다르게 행동하면 "독특하다, 이해할 수 없다"라는 얘기가 종종 나오곤 한다. 나도 대기업 교육 과정 중 팀 연극 안에서 가무를 즐기는 복면가왕 콘셉트로 미친 존재감상(?)이라는 특별상을 받아 "독특하다, 멋지다"라는 다수와 소수의 의견이 분분히 엇갈린(!) 가운데 어쨌든 남과 다른 이미지를 동료들에게 부각시킨 적이 있다.

　　또 하나의 단적인 예로 서점에 가보면 아침형 인간을 주제로 한 서적들이 종종 눈에 띈다. "일찍 일어나는 새가 벌레를 잡는다The early bird catches the worm"는 서양속담도 있듯이, 사이쇼 히로시税所弘의 《아침형 인간》에서는 성공한 사람은 아침에 부지런한 사람들임을 강조하며, 하루에 4시간밖에 안 자는 습관을 자신의 성공 비결로 말하는 도널드 트럼프Donald Trump 미국 대통령을 비롯하여 많은 영향력 있는 인물들도 수면시간이 짧은 아침형 인간이라고 언급한다. 이는 아침에 잠이 많은 비非 아침형 인간, 즉 저녁형 인간이며 7~8시간은 자야 피곤이 풀리는 나에게는 상당히 죄의식을 느끼게 만드는 부분이기도 하다. 그런데 이 아침형 인간으로서의 삶의 패턴을 76억 명의 인구 모두에게 적용시키는 것은 인체의 생물학적 유전적 다양성을 간과한 것이나 다름없다. 실제로 어떤 사람은 4시간 자면 수명이 점점 짧아질 수 있다.

우리 뇌의 영역인 SCN이 주관하는 일주기 리듬circadian rhythm 은 개인적으로 차이가 있으나 23.5~24.5시간으로 평균 약 24.2시간으로 알려져 있다. 24시간 이상의 긴 일주기를 갖고 있는 사람들이 빛이 없는 땅굴과 같은 환경에 살면 일어나는 시간이 점점 늦어지며 시간에 얽매이지 않는 자유인의 모습을 보여준다. 그러나 아침에 떠오르는 태양은 우리 고유의 생체 시간을 24시간 주기로 끊임없이 reset 시킨다. 이 reset은 일주기가 긴 사람에게는 생리적으로 힘든 과정이다. 아이가 아침에 잘 못 일어나면 부모는 자기 아이가 게을러서라고 무조건 단정 지으면 안 되는 이유가 될 수도 있다.

최근에 발표된 연구결과에 따르면 아침형 인간은 좌뇌 특징으로 분석적이고 협동적이어서 학구적으로 성취할 수 있는 것에 반해 저녁형 인간은 상상력이 풍부하고 개인주의적인 성향이 강한 우뇌의 특징을 갖고 새로운 경험에 개방적이고 더 많은 것을 추구할 수 있다고 한다. 존 마틴Jon Martin 의 "일찍 일어난 벌레가 새에게 잡아먹힐 수도 있다 The early worm gets eaten by the early bird "는 말을 곰곰이 생각해 본다. 그 외에도 우리 뇌를 조절하는 신경 전달 물질neurotransmitter 또는 신경 호르몬neurohormone 의 역할로 누구는 행복을 더 쉽게 느끼고, 누구는 모성애나 부성애가 더 강하며 그 누구는 성 소수자인 게이 성향을 갖고 있기도 하다. 특히, 지금까지 알려진 뇌 해부학적 증거로는 게이와 일반 여성의 뇌의 구조, 크기 및 기능이 비슷하며 레즈비언과 일반 남성의 그것과 비슷하다고 알려져 있다. 난 성 소수자를 옹호하거나 반대하는 입장은 아니나 성 소수자들은 태어나면서부터 일반인의 뇌와는 현저히 다를 수 있는 것이다. 홍석천 씨가 사회적 편견을 무릅쓰고 방송인으로서 음식 사업가로서 성공할 수 있었던 것은 아마도 자기가 남과 다르다는 쿨하게 인정하고 이러한 차별점을 자신만의 강점으로 승화시켰기 때문이지 아닐까 싶다.

아폴로 신전에 새겨진 "너 자신을 알라"라는 이 글귀를 인용한 소크라테스는 자신의 무지를 깨우치라는 의도로 썼다고 알려져 있지만 나에겐 자기 자신이 어떤 존재라는 것을 아는 것이 중요하다는 말로 느껴진다. '행복의 역치Threshold =객관적 가치스펙 / 주관적 가치차별점'란 일차 행복 방정식이 성립한다면 남들과 우열을 가릴 수 없는 상대적 가치가 사회의 객관적인 잣대로부터 오는 가치보다 커질수록 행복을 느낄 수 있는 한계점은 낮아질 수 있다고 본다.

현대화의 대가인 고故 파블로 피카소Pablo Picasso가 눈에 보이는 걸 그리지 않고 나 자신이 마음속에 알고 있는 것을 그린다는 것처럼 나 자신이 누군가와의 비교가 아닌, 아주 작은 부분이라도 나만의 차별점을 깨닫고 너는 너, 나는 나, 나로서 충분하다는 지극히 개인주의적 관점이 우리가 꿈꾸는 행복의 나라에 살게 만든다고 난 믿는다.

지극히 개인주의적 소확행 • 김미려

내가 Y양을 처음 만났을 때 그녀의 나이는 여섯 살. 그동안 말로 전해 들었던 바에 따르면 그녀는 나와 성격이 많이 비슷한 유치원생. 그래서 한 번쯤 꼭 만나보고 싶었던 꼬마 숙녀다. 그런데 나만 Y양을 만나고 싶었던 것이 분명했다. 나를 갑자기 맞닥뜨린 Y양은 내가 아주 낯설고 무서웠나 보다. 엄마의 뒷다리를 자신의 코로 휘감은 여섯 살의 코끼리 마냥, 그녀는 아빠 뒤에 숨어서 그의 다리를 꼭 부여 잡고 말았다. 아빠가 뭐라 해도 Y양은 굳건했다. 오히려 나무에 올라가듯 다리를 타고 올라갈 기세였다. '음. 역시 나랑 성격이 비슷하군!' 그 와중에도 Y양에 대한 내 마음을 굳건했다.

짝사랑을 하는 사람은 상대방에 대하여 한없이 너그러워진다. 나는 Y양에 대한 서운함보다는 부러움이 앞섰다. 그녀가 여섯 살의 꼬마숙녀라는 것은 전혀 중요하지 않았다. 그녀는 손만 뻗치면 닿을 곳에 굳건한 안식처가 존재하는 능력자였다. 그녀보다 훨씬 긴 팔을 가진 나. 그런 나에게 안식처는 대체 어디에 있는 것일까? 서늘하게 부러웠다. 부러워하지만 말고 손끝에 닿는 나만의 안식처를 빨리 만들어야지! 아니 아예 손끝에 달고 다닐 정도로 작고 가벼운 안식처를 만들어 붙여버려야겠다고 생각했다. 손끝에 달고 다닐 안식처! 나에게 소확행이란 바로 이런 것이다.

PART 2

행복幸福 : 생활에서
충분한 만족과
기쁨을 느끼어 흐뭇함
또는 그러한 상태

잔잔한 물결이
커다란 파도를 만들기까지,
Follow up

미국의 기상학자 에드워드 N. 로렌츠Edward Norton Lorenz 가 발표한 이론은 그 말 그대로 엄청난 폭풍우를 불러일으킨 바 있다. 그 이론의 이름은 '나비효과'. 나비의 단순한 날갯짓이 날씨까지 변화시킨다는 이론으로, 작고 사소한 사건 하나가 나중에 커다란 변화를 가져온다는 의미다. 원인을 알기 어려운 결과는 많이 있지만, 무슨 결과든 다 과정에 이유가 있는 법이라는 말처럼, 우리 인생은 수많은 나비의 날갯짓으로 형성된다.

나는 경기도 안성 출신이다. 지금은 '시'지만, 당시만 해도 '읍'이었다. 흔히 이런 곳이라면 연상되는 분위기가 있다. 어린 시절, 친구들과 몰려다니며 뛰어노는 모습이다. 그러나 다소 내성적이었던 탓에 나는 좀 달랐던 것 같다. 요즘엔 아이들이 나가서 뛰어놀 공간이 없다지만, 그 옛날 시골 마을은 그렇지 않았음에도 당시 아이들과 아주 잘 어울리진 못했던 기억이 난다. 낯을 좀 많이 가렸었나 보다. 아마 타고 났을 거라고 생각한다. 부모님은 나가서 좀 놀라고 성화를 부리셨지만, 그럼에도 집에서 혼자 노는 것을 더 좋아했다. 혼자서는 노는 것이 훨씬 편했기에 더욱 그랬다. 그런 내게 집안에서 자석처럼 이끌리는 장소가 있었으니, 바로 아버지께서 서재라고 이름 붙인 작은 방이었다.

《나니아 연대기》에서 네 명의 남매가 마법의 옷장을 지나 '나니아'라는 새로운 세계로 들어가듯이, 아버지의 서재는 내게 드넓은 세상과 연결하는 통로와 같았다. 매일 만나는 부모님, 몇몇 학교 친구들, 이 좁은 읍내 시골 마을. 그 시절 그런 따분한 일상이자 세상 속에 갇혀있던 나를 꺼내주고, 새로운 세계로 인도해주는 것은 온전히 아버지 서재 속의 책이었고, 그곳에서 접한 독서였다. 그 시절의 독서를 통해, 또래의 누구보다 넓은 세계에서 뛰어놀았고 모험을 즐겼다고 자부한다. 물론 진짜 경험이 아닌 간접경험이긴 했지만, 그것만으로도 엄청나게 큰 의미가 있다. 도서를 통해 쌓은 경험이, 진짜 나의 경험으로 이어질 때 이루어지는 시너지는 정말 놀라울 정도이기 때문이다. 그 시너지를 직접 경험해봤기에 더더욱 그렇다.

이런 상황에서 내게 책은 유일한 낙이었다. 아버지가 의사셨기에 작은 방이었던 그곳은 발 디딜 틈이 없을 정도로 책이 가득했는데, 전문의학서적뿐 아니라 각종 동화책, 위인전 전집이 쌓여 있었고, 여행 관련 책까지 정말 다양한 종류의 책들이 즐비했다. 미술관별, 예술가별 도감 책들도 많았다. 처음 책을 읽기 시작했을 때 느낀 것은, 책 속에는 정말 많은 세상이 담겨있었다는 것이다. 그래서 아버지 서재에 들어갈 때마다 가슴이 두근두근하는 설렘을 느낄 수 있었다. 저 수많은 책의 세상 속으로 빠져들 수 있다는 즐거운 상상을 하면서 말이다. 기억을 더듬어 보면, 유치원 때부터 초등학교 3, 4학년 때까지는 그렇게 책 속의 세상에 빠져서 살았던 것 같다.

그 많은 책 속에서, 나의 눈에 띈 것은 다채로운 색으로 표현된 색채 그림이 들어간 책들이었다. 의학서적에 있는 사진과 그림뿐 아니라 특히 여행이나 미술 관련 서적에 표현된 다채로운 색감의 컬러 사진과 그림들은, 내 상상 속의 세상을 더욱 풍성하게 만들어주었다. 그렇게 책들 속에 빠져 있다가 어느새 중학생이 되었다. 책 속 세상과 현실의 세상이 다르다는 것을 서서히 깨달을 사춘기 초입의 시기에, 우연히 들르게 된 미술학원은 나의 삶에 큰 이정표가 되었다. 그곳에서 책장 위에 있던 각종 조각상과 입시 준비를 하던 형과 누나들의 작품에 내 마음을 완전히 빼앗겨 버린 것이다. 그전까지 누군가가 표현한 색감이나 형상을 하나의 세상으로 보기만 하다가, 나 스스로 무언가를 표현해 내어 창조한다는 즐거움은 내게 또 다른 세상으로 다가왔다. 무언가를 창조한다는 매력에 푹 빠져서 그 즉시 미술학원에 등록하게 되었다. 사실 미술학원은 나 스스로 원해서 배우기 시작한 첫 배움이었다.

우리 부모님 세대가 모두 그러하듯, 우리 부모님 또한 교육에는 남다른 열정이 있던 분들이셨고, 예술에 관한 교육에도 소홀하진 않으셨는데, 누나와 형들은 음악에, 나는 미술에 더 관심이 있었던 것 같다. 당시 누나와 형들은 피아노를 잘 쳤고, 나는 그림과 색감을 표현하는 것을 좋아했으니 말이다. 사실 부모님은 예술 교육을 전문적으로 받았던 분들은 아니셨다. 하지만 아버님은 성악을 꽤 잘하셨고, 어머님은 그림을 수준급 이상으로 잘 그리셨던 걸 보면, 집안에 예술 계통의 피가 흘렀던 것은 아닐까? 또, 나중에 이야기하겠지만 예술과 의술은 참 많이 닮았고 비슷하다는 걸 이때 처음 느꼈다.

중학교 2학년 때였던 걸로 기억한다. 그렇게 독서에 이어 미술과 사랑에 빠진 내게 아버님께서 한 가지 질문을 하셨다.

"넌 뭘 하고 싶니?"

부모가 자식에게 하는 의례적인 질문이었고, 당시 집안 분위기나 주변 분위기로 보면 당연히 의사가 정답이었으리라. 그런데 당시 내가 한 대답은 의사가 아니었다.

"전 건축가가 되고 싶어요."

당시 어떻게 그런 대답을 당당하게 할 수 있었을까? 사실 당시 대답을 하면서도 놀랐다. 미술을 좋아하던 내가 왜 뜬금없이 건축가라는 꿈 이야기를 했을까? 훗날 예술과 건축이 긴밀하게 연결되어 있다는 걸 알게 된 후에야, 그 당시 당연한 대답을 했다는 것을 깨달았다.

산업혁명 이후 직업이 세분화되어 지금은 어느 분야의 전문가를 요구하는 시대를 살아가고 있지만, 이전에는 그렇지 않았다. 르네상스 시대 예술가로 알려진 몇몇 사람들은 건축가이기도 했다. 부오나로티 미켈란젤로, 라파엘로 산치오가 대표적이다. 지금 우리 시대는 다시 학문의 경계가 무너지면서 통합되는 경향이 있는데, 이처럼 역사는 돌고 돈다. 중세 이후 르네상스 시대 때 고대 그리스 로마로 돌아가자고 외쳤던 것처럼.

부부 건축가로 잘 알려진 라움건축의 오신욱, 노정민 부부는 "건축가는 가장 현실적인 예술가다"라고 했다. 건축에 디자인이 반영되고,

탈 균형적 구조물에도 균형을 맞추어 예술적 감상을 승화시키는 것처럼, 건축가는 예술가이기도 하다. 그래서 건축가라면 그림, 음악, 예술에 대한 미련이 있을 것이라고들 한다. 이런 면에서 나는 어려서부터 통합 학문을 한 셈이다. 그림과 미술에 푹 빠져 있다가 정작 미래 꿈을 건축가라 말했으니 말이다.

나의 어린 시절 예술적 감성을 형성하는 데 많은 재료를 제공해 주신 아버지는 폐암으로 돌아가셨다. 고등학교 2학년 때의 일이다. 내 마음속 아버지의 빈자리를 채우기 위해, 아버지께 고백한 나의 꿈을 이루기 위해 열심히 공부했다. 미술학원은 잠시 접으며 공부에 열중했지만, 그림에 관한 취미는 포기할 수 없어 사진 관련 책을 구매하고 탐독하면서 아쉬운 마음을 달랬다. 그러나 결국 재수하게 되었고, 들어간 곳은 모 대학의 생물학과였다. 엉뚱한 길이었지만,내 인생에 있어 큰 유익함과 재미를 주었던 시기였다.

그곳에서 1세대 조류학자 원병오 교수님, 새 박사로 잘 알려진 윤무부 교수님도 알게 되었고, 주말마다 교수님과 선배들을 따라 새나 나비 등을 관찰하고, 그것을 내 수첩뿐만 아니라 카메라로 담는 작업을 하며 다녔다. 고등학교 시절 사진 관련 책을 보기만 하다가, 직접 필름카메라로 내 작품을 창조하는 작업은 취미 활동으로 꽤나 쏠쏠했다. 그러다가 문득 새가 머무는 자연 그대로의 사진을 찍었는데, 이

것이 정말 멋진 작품이 되는 것이 아닌가? 그 자연 속에 그대로 너무나 잘 어울리는 새나 나비에 감사하기 시작했다. 그러다 보니 건축물 하나하나에도 자연이 깃들어 있음을 발견했고, 생태나 자연보호에도 자연스럽게 관심이 생겼다. 그렇게 사진과 마음속에 자연을 담아내며 정말 즐거웠다.

   너무도 즐거운 취미생활을 경험한 한 학기였지만, 생물학이라는 길은 내가 꿈꾸던 미래와는 조금 많이 달랐다. 그리고 즐거웠던 한 학기가 끝날 즈음 다시 미래를 향한 공부를 하기로 결정했고, 더욱 많은 노력을 한 결과 지금의 모교 의과대학에 진학하게 되었다. 이곳에서도 자연을 즐기며 즐거웠던 경험을 살려 사진반과 오케스트라동아리를 했는데, 내가 꿈꾸던 미래와 함께 즐거웠던 취미와 문화생활을 함께 이어갈 수 있는 원동력이 되었다.

   그러다 우연히 기회가 되어 배낭여행을 하게 되었는데, 어릴 적 책 속에서만 만날 수 있었고 내가 직접 경험할 거라고는 생각도 못 했던 유럽의 예술과 문화를 직접 확인할 기회가 있었다. 그때 진하게 다가온 선명한 감동은, 아직도 잊을 수가 없이 강렬하게 남겨져 있다. 간접체험으로만 경험했던 것들이 내 눈앞에 실제 펼쳐진 경험은, 경험한 사람만 공감하는 감정임을 확신한다. 천주교 신자로서 느끼는 중세 건축물의 압도적인 분위기도 그렇다. 형언할 수 없는 영적 느낌은 그곳에 가야만, 직접 경험해야만 느낄 수 있다. 더욱이 책과 성경으로 마음속에 간접경험 했던 것을 직접 경험으로 몸에 덧씌워지는 그 희열은, 겪어보지 않은 이는 도저히 알 수 없을 것이다.

그 경험들을 지나서 지금은 성형외과 의사가 되었다. 이전의 경험들은 지금의 내가 되기까지 아주 좋은 밑거름이 되었다. 사진과 미술을 통해 미용 관련 감각을 익혔고, 건축에 관한 관심도 그렇다. 성형외과 또한 구조와 균형을 다루는 직업이기 때문이다. 나에게 그 경험이 없었더라면, 내가 성형외과 의사 일을 통해 사고 등으로 생긴 추상 장애나 얼굴 기형을 가진 사람들에게 새 희망을 줄 수 있었을까 생각해 본다.

요즘은 100세 시대다. 그만큼 기대 수명은 늘어났다. 그러나 여전히 어떤 삶을 살아가느냐보다는 얼마나 오래 사느냐를 강조하는 시대다. 그래서 요즘에는, 얼마나 오래 사느냐가 아니라 어떤 삶을 살아가는가, 즉 삶의 질을 높여주도록 인식을 바꾸는 일에 더욱 관심을 두고 있다. 사람들이 행복하게 살아갈 수 있도록 돕는 일만큼 행복한 일은 없다는 것을 알기에 더욱 그렇다.

내 인생을 돌이켜 보면, 호기심을 충분히 채우며 살아온 것 같다. 그것이 주는, 숫자와 통계적인 메리트가 없더라도 마음이 시키는 대로 집중하고 최선을 다하며 살았다. 남들은 많이 돌아왔다고 하거나 효율적이지 않은 삶이라고 말할지 모른다. 그러나 나는 그 모든 경험 하나하나가 다 연결되어 지금의 나를 만들었음을 알기에, 후회하지 않는다.

파도는 다른 방향의 물결이 충돌하며 더 큰 에너지로 형성된다. 내 삶이 마치 파도와 같다는 생각도 든다. 우연히 만난 것 같은 여러 갈래의 물결이 어우러져 지금 내 삶이라는 큰 파도 하나를 형성한 것처럼 말이다.

"인생은 짧고 예술은 길다."

고대 그리스 의학의 아버지, 히포크라테스의 말이다. 예술은 일차적으로 뛰어난 의술, 혹은 기술을 의미한다.

"사람은 누구나 죽는다."

철학자 아리스토텔레스의 명제를 더해 생각해 보자. 사람은 누구나 짧게 인생을 살아가고 죽지만, 의술은 그 짧은 사람의 힘으로 대대로 전수되어 사람들을 치료하는 데 사용된다는 의미가 된다. 성형외과로서의 의술은 더욱이 예술에 가깝고 어쩌면 하나의 예술이라고 할 수 있겠다. 기술은 몸을 치유하지만, 예술은 인간의 마음을 치유하기에 더더욱 그렇다. 몸과 마음을 치유하는 중의적인 의미가 담긴 직업이 있다면, 그건 성형외과라고 단언할 수 있다. 내 마음이 시키는 대로 소소한 행복을 좇아 그림과 사진, 건축을 공부했더니, 어느덧 모든 의학의 아버지인 히포크라테스가 말하는, 진짜 예술을 하는 의사로서 살아가고 있다는 사실에 새삼 놀랍다.

너무 작아서 미처 보지 못했던
커다란 아름다움의 미학

체험에는 힘이 있다. 쇼핑몰이나 블로그에는 온갖 체험 후기로 가득하다. 사람들은 무언가 구매할 때, 체험한 사람의 말을 듣고 믿는다. 그에 관한 기본적인 정보를 전혀 모르더라도 그가 체험했다면, 그말에 영향을 받는다. 소위 카더라 통신이 여전히 유효한 이유다. 이처럼 사람들은 체험을 존중한다. 지금껏 살아온 내 인생을 뒤돌아보면 간접체험과 직접체험 이야기로 가득하다. 그중에 단연 직접 경험했을 때의 희열, 내 삶에 미치는 영향력은 실로 대단하다.

나는 어려서부터 브리태니커 Britannica 백과사전이나 여행 관련 도서, 아웃도어 잡지 등을 보곤 했다. 이러한 책들은 다른 세계에 대한 지적 욕구를 충족시켜주었을 뿐 아니라 색감이나 명암 등에 관한 예술적 감각까지 더해주었다.

중학교 시절 미술학원에 다닌 경험이 있는데, 원래 난 피아노학원에 다녔다. 그 시절 주변의 많은 친구들이 으레 피아노학원에 다니기도 했지만, 부모님은 우리 남매를 모두 한 학원에 보내는 게 편하셨나 보다. 누나와 형은 음악적 재능이 있었는지, 피아노를 곧잘 쳤다. 난 특별한 흥미를 느끼지 못했는데, 그즈음 내 호기심을 자극한 사건이 있었다. 중학교 2학년 때, 미술대학을 나온 선생님이 회화나 조소 등 서양미술을 가르치시는 모습을 보고, 내 안에 꿈틀대던 미술에 관한 호기심이 가슴을 설레게 했다. 어려서 보았던 책의 시각적 영향력이 내 삶의 방향을 가리키며 일러주는 듯했다. 그리고 용기를 내 처음으로 어머니께 미술학원에 보내 달라고 내 의사를 표현했다.

그러나 등록한 학원은 입시 미술학원이었다. 미술학원이면 수준에 따라 단계별로 가르치는 줄 알았다. 그러나 입시 미술에 특화된 학원이어서 그런지 선생님들은 내게 큰 관심을 두지 않았다. 선생님이 두 분 계셨는데, 가르치는 방식이 달랐다. 나로선 배우는 방식에 약간의 혼선이 있었고, 어느 방식을 따라야 할지 몰랐다. 그래서 실력이 잘 늘지는 않았던 것 같다. 하지만 이곳에서도 장점은 있었다. 같은 대상을 반복해서 보며, 각자 다른 방법으로 그리다 보니 '시선의 다양화'

를 알게 됐다. 같은 사물이지만, 각도에 따라 다양한 시선으로 보는 법을 배운 것이다. 비록 평면에 그려내는 미술이었지만, 내 머릿속에는 삼차원의 입체로 인지되었다. 물론 이차원의 평면에도 명과 암을 통해 입체적인 느낌을 살릴 수 있긴 하다. 그러나 어디까지나 단면을 그려낼 뿐이다. 그러나 3D 프린터가 모든 각도에서 정확한 사물을 만들어 내듯, 내 머릿속엔 공간 속에 존재하는 사물 자체가 각인되었다. 그리고 다양한 면에서 관찰하며, 다양한 시선과 관점이 얼마나 중요한지 깨달았다. 이 경험은 내 삶 전반부에 굉장히 큰 영향력을 끼쳤다. 여행서적에서 보았던 서양의 건축물을 보거나 잡지에서 그림이나 사진을 볼 때면, 자연스럽게 입체감이나 구도, 명암에 주목하는 습관이 길러지게 되었다.

집안에 흐르는 예술적 감성 덕에 음악도 좋아했지만, 난 미술과 관련하여 꽤 많은 칭찬을 받았다. 《칭찬은 고래도 춤추게 한다》라는 켄 블랜차드Ken Blanchard 의 책 제목처럼, 이 분야에 더욱 열심을 다하게 되는 큰 동력이 됐다. 더욱이 내가 선택한 분야였기에 스스로 선택하여 좋은 성과를 거두는 희열 또한 느낄 수 있었다.

고등학교에 올라가면서 학업에 집중해야 하는 상황 때문에 아쉽게도 미술학원은 그만두게 되었다. 대신 사진 책등 여러 가지 경로로 서양문물을 접하면서 직접 경험에 대한 열망은 더욱 커졌다. 특히 내 마음에 선명하게 각인된 건축물이 있다. 미국에 있는 폴링워터Falling water가 바로 그것이다. 죽기 전에 꼭 봐야 할 세계 건축물 중 하나로 손꼽히는 작품으로, 1939년 프랭크 로이드 라이트1867~1959에 의해 설계된 건축물이다. 대다수 유명한 건축물은 사람들의 눈에 잘 띄는 도시에 있기 마련인데, 이 건축물은 미국 펜실베이니아주 숲속에, 게다가 아담한 폭포 위에 지어졌다. 사진으로 느껴지는 분위기에 매료되었던 나는, 사진으로만 보면 볼수록 시각적 욕구가 충족되지 않았다. 오히려 두 눈으로 직접 보고, 만지며 숲속에 위치한 건축물의 분위기를 느끼고 체험하고 싶은 열망이 더욱 커져만 갔다. 물론 당시 고등학생으로서 가능하지 않은 일이었지만, 그럼에도 '성인이 되면, 대학에 가면, 조금 더 크면 꼭 내 두 눈으로 확인하리라'라는 열망으로 다짐하고 또 다짐했다.

미술에 관한 관심, 예술에 관한 관심은 명화를 사진으로 담은 책들과 멋진 사진이 담긴 책에 관한 관심으로 이어졌다. 그리고 그 관심은 자연스레 사진 찍기라는 취미로 이어졌다. 1980년대 중반 '올림푸스 PEN'이란 필름카메라가 있었다. 요즘처럼 찍고 지우기를 반복할 수 있는 디지털카메라 문화에서는 뭐든 많이 찍을 수 있지만, 당시 필름 한 통에 단 스물 네장이 담긴 상황에서는 한 장 한 장이 참 소중했다. 친구 인물사진을 찍어도 내 관점에서 보는 그 아름다움을 사진에 그대로 담아내고 싶었고, 구도와 배치에 더욱 신경을 써서 찍을 수밖에 없었다. 또 이런 내 마음에 불씨를 지핀 사건이 있었다. 미국에 계신 사진학과 출신 이모가 집에 방문하신 것이다. 이모는 내가 이전에 한 번도 접해본 적 없는 사진 관련 서적을 읽어볼 것을 추천해 주셨는데, 그 책 하나로 인해 사진에 관해 더 많이 배울 수 있었고, 조금씩 나름의 전문성을 기르며 취미에 몰두하게 되었다.

그리고 난 이전 글에서 언급한 것처럼 재수를 통해 모 대학 생물학과에 진학했다. 새 박사 윤무부 교수님을 따라다니며, 자연을 벗 삼아 새 사진을 찍으러 다니는 것은 정말 행복했다. 하지만, 그럼에도 불구하고 꼭 무언가가 빠진 것만 같았다. 마치 앙꼬 없는 찐빵처럼 꿈이라는 알맹이 없이 순간의 행복에만 빠져있는 기분이랄까. 그 기분을 해결하기 위해서, 몸과 마음을 새롭게 다지기 위해서 설악산 대청봉에 올랐다. 젊은 청년 시절이었지만, 20kg 배낭을 짊어지고 설악산을 오르기는 쉽지 않았다. 오르는 내내 계속 포기하고 싶을 정도로 힘들었지만 결국 끝까지 올랐고, 성취감을 만끽하기도 잠시 도착하자마자 그대로 곯아떨어졌다. 다음 날 아침, 해가 뜨는 장관을 보면서 이 장면 하나를 눈과 마음, 그리고 사진에 담아내는 이 행복이 얼마나 귀하고 큰 것인지 새삼 깨닫고, 느끼게 되었다. 매일 내리쬐는 태양의 오름에 이처럼 감사하고 감동받을 수 없으리라. 결국 높은 곳에 포기하지 않고 올라서야지만 이 모든 것을 느낄 수 있다는 사실을 깨달았다.

또, 높은 곳에 올라가는 고난이 있었기에, 더욱 주변의 작은 것에 행복을 느낄 수 있음도 함께 깨달았던 것이다. 그렇게 설악산에서 내려온 뒤 새로운 마음으로 다른 시작을 하기로 결단을 내렸고, 결국 삼수를 결정해서 공부를 시작했다. 설악산에서 얻은 깨달음과 삼수 끝에 결국 지금 모교의 의대에 진학할 수 있었다.

의과대학은 정말 많은 공부를 꼼꼼히, 정확하게 해야 한다. 이전보다 다소 바쁜 학업을 감당하는 중에도, 난 사진 취미를 손에 놓을 수 없어 사진동아리에 들어갔다. 높은 곳에 오르면서 작은 것에 행복을 느끼는 것 역시 포기하지 않겠다는 마음을 강하게 가졌기에 가능했다. 당시 내게 가진 가장 큰 관심은 역광이었다. 그림을 배우면서 명암과 구도에 관심을 가진 후로, 사진을 찍을 때도 명암을 중요하게 여겼기에 그렇다. 역광에 신경을 쓴 사진 찍기는 내게 마치 데생하는 느낌마저 들었다. 그렇게 한 장씩 인화할 때마다 조리갯값을 기억하면서 역광의 느낌을 더 멋지게 살리는 데 많은 관심을 쏟았다.

그 관심은 결국 내 발걸음을 해외로 향하게 하였다. 국내 곳곳에도 아름다운 자연과 건축물이 있었지만, 어려서부터 쭉 보아왔던 여행 관련 서적들과 미술 관련 서적에 담긴 서양 예술과 건축물과 자연은 내 마음과 발걸음을 자연스레 그곳, 유럽으로 이끌었다. 대학교 학부 저학년 때 당시 유행이던 유럽 배낭여행을 가게 되었는데, 실제로 유럽에 가게 된 소감은 정말 충격적이었다. 마치 시골에서 상경한 아이처럼 두리번거리며 사람들, 건축물 등 모든 것을 신기해했다. 그간 사진에 많은 것을 담을 수 있다고 여겼지만, 사진 속에 있는 경험들을 온전히 나의 경험으로 만드는 경험에는 비할 바가 못 되었다. 직접 현장에 가서 내가 상상해 왔던 것들을 두 눈으로 생생히 경험하는 것이란!! 그 무엇과도 비교할 수 없는 감동으로 다가왔다. 영국 런던의 대영박물관, 웨스트민스터 사원, 프랑스 파리의 루브르박물관 등 가는 곳곳마다 내 심장을 쿵쾅거리게 했다. 스위스, 이탈리아의 로마, 스페인의 바르셀로나, 가우디까지 유럽 곳곳을 누비며 정말 행복했다. 그 후 학교에 다니는 동안엔 학업의 양이 너무 많아 공부하는 데 집중할 수밖에 없었으나, 어느 정도 그 생활에 익숙해진 본과 고학년 여름방학에 북미로 두 번째 배낭여행을 가게 되었다. 두 명의 동기와 의기투합하여 과감히 시간을 낸 것이다. 그곳은 유럽과는 다른 또 하나의 신세계였다. 유럽이 아기자기하다면, 북미에서는 자연의 거대함을 그대로 느꼈다. 텔레비전으로만 보던 도로 옆 야자수, 그랜드캐니언, 옐로스톤, 그리고 캐나디안 로키까지, 할리우드 영화에 익숙하게 보았던 영화 속 배경이나 건축물들을 실제로 보니 감회가 남달랐다. 북미는 그야말로 신세계, 새로운 세상 그 자체였다. 어느 곳을 둘러봐도 새로움에 가슴이 뛰었다. 이곳 또한 간직하고 싶어 사진을 마음껏 찍어 댔다. 보이는 자연 그 자체가 거대한 하나의 프레임이 되어서, 정말 좋은 나만의 작품을 원 없이 만들 수 있었던 것 같다. 당시 세계의 중심이라 불리던 뉴욕에서는 브로드웨이를 방문했다. 브로드웨이에서 〈미스사이공〉 뮤지컬을 보았고, 에브리 피셔 홀에서 여는 클래식 음악 연주회를 감상했으며, 맨해튼에서 엠파이어스테이트 빌딩이나 지금은 없어진 세계무역센터의 마천루 등 새로운 문화를 경험하는 즐거움은 나의 호기심을 충족시키는 데 부족함이 없었다.

그 경험과 즐거움은, 의대를 졸업하고 인턴 생활을 마친 뒤 공중보건의사로서의 3년간 생활하면서도 큰 도움이 되었다. 비록 돈은 없었지만, 시간은 많던 시절이라 시간이 날 때마다 달랑 여행 책자 하나 들고 아내와 함께 우리나라 방방곡곡으로 여행을 다녔다. 그 와중에 세 번째 배낭여행을 아내와 함께할 수 있었다. 물론 유럽이나 북미처럼 한 달씩 다녀올 수 있는 건 아니었지만 아내와 함께한 여행길도 정말 색다른 경험과 즐거움이었다.

지금 생각해보면 공부와 실습의 연속이던 내 삶에, 여행이라는 경험과 즐거움이 하나 들어옴으로써 삼박자의 순환이 내 삶을 규정하고 유지하는 데 큰 도움이 되었던 것 같다. 이후 성형외과에 들어와서 레지던트 생활을 마치고 모교에 남아서 교수 생활을 하다가, 교환교수의 기회가 생겨 싱가포르와 캐나다에서 1년씩 생활할 절호의 기회가 생겼다. 이곳에서도 시간이 될 때마다, 아니 시간이 나지 않아도 만들어서 여행을 다녔다. 젊을 때 여행을 다니면 견문이 넓어지고, 세상을 바라보는 눈이 달라진다고 하는데, 나의 경우는 정말 그랬다. 이처럼 젊을 때의 '경험'은 정말 돈으로는 규정할 수 없을 정도로 값지다. 그 '경험'들이 모여서 더 크고 넓은 사람들을 만들어내기 때문이다. 그래서 나는 젊을 때 사서 고생을 한다는 말을 젊을 때 사서 '경험'을 쌓아야 한다고 말하고 싶다. 그만큼 젊을 때 익히는 소중한 '경험'들로 인해, 내 삶은 정말 행복한 것들로 가득 찼기에 더욱 그렇다.

그렇게 여행을 다니면서 미술과 사진, 건축 그리고 다양한 문화에 남다른 관심을 보였고 경험을 쌓아왔던 나였지만, 결국 난 의사가 됐다. 아무래도 내 안에 아버지와 가족들이 굉장히 진하게 끼친 영향력 때문에 그런 것은 아닐까 생각한다. 그중에서도 성형외과를 선택한 까닭은 미술적 감각, 건축 구조와 관련해서 영향력이 있는 가장 관련 있는 의술이었기에 의식적으로 그와 가까이 가기 위해서 관심을 가졌던 것도 있다. 의사로서 건강하게 살도록 돕는 면도 있지만, 미용과 관련하여 삶의 질, 즉 행복함을 전파하는 일이기에 더욱 끌리게 된 것도 크다. 기형수술의 전문가이신 서울대학교 교수님과 베트남에서 의료봉사를 했던 경험도 내 인생의 의미를 조금 더 분명하게 하는 계기가 되었다.

모름지기 우리 인생은 얼마나 오래 사는가보다 어떻게 살아가는가가 더욱 중요하다고 생각한다. 삶의 양보다, 삶의 질을 먼저 생각해야 한다는 것이다. 21세기 이후 100세 시대가 도래된다고 하고, 현재도 기대 수명이 80세 전후로 길어졌는데 반해, 대한민국에서 행복한 노후 생활을 하는 비율은 50%가 안 된다고 한다. 무조건 길게 사는 것이, 이제는 미덕이라 할 수 없는 시대가 이미 되어 버린 것이다. 고통과 아픔을 겪으면서 죽지 못해 산다고 고백하는 사람들이 우리 주변에 얼마나 많은가? 그러한 사람들에게 손 내밀어 하루를 살더라도 행복하게 살아가는 행복감을 안겨주며, 이웃과 더불어 살아가는 것이 진짜 우리네 삶에 필요한 질적 행복이라는 생각이다. 그렇게 삶의 질을 개선하고 행복을 나누는 성형외과 의사라는 업을 가진 것에 난 큰 자부심과 만족, 그리고 기쁨마저 느끼며 살아가고 있다.

내 인생이 이렇게 만들어지기까지 돌이켜보면, 시간과 비용 등 비싼 대가를 치르고 얻은 '경험'들이 결국 나만이 가진 능력과 자산을 가져다주었다. 성형외과 의사로서 가장 중요한 것 중 하나가 비주얼 아트를 구분할 기준의 유무인데, 과거의 '경험'들 하나하나가 모두 지금의 내가 가진 미적 기준들을 만들어 주었다는 것을 보면 더욱 그러하다. 중학교 시절 데생을 하면서 구도와 비율, 명암에 익숙해졌고, 사진을 찍으면서 제한된 프레임 안에서 적절하게 배치하는 즐거움을 통해 얻은 수많은 경험들, 또 책을 통해 간접경험을 한 서양적 아름다움에 여행을 다니면서 몸소 체험한 대자연과 어우러진 아름다움을 더해서 나만의 미적 감각과 기준을 만들어 냈다. 그 수많은 경험이 나를 이렇게 성공한 성형외과 의사로 만들어온 것이다.

　내가 만약 책상 앞에 앉아 간접경험으로만, 머릿속 지적 욕구를 채우는 데서만 그쳤다면, 지금 이렇게 미적 감각과 균형을 중요하게 생각하는 성형외과 의사가 될 수 있었을까? 성형외과 의사는 단지 기술로만 환자를 대하지 않는다. 의학적 지식과 더불어 무엇보다 미술적, 예술적 '감'이 있어야 하는데, 내게는 선천적 감성에 더하여 내가 직접 '경험'을 통해 체득한 것들이 복합적으로 지금의 나를 만들었다. 젊어서 고생한다고 생각하지 말고, 젊어서 체험하고 경험한다고 생각해보자. 뭐든 경험한 것들은 내 삶에 가장 귀한 자산으로 쌓일 것이다.

지극히 개인주의적 소확행 • 김미려

가끔 기도를 한다. 마음은 비행기를 타고 시공간을 초월하여 여기저기 날아다닌다. 원시의 세계에도 갔다가 지구 밖의 세계에도 다녀온다. 몇 백 년 전부터 내려오는 기도문을 따라 하다 보면 내 호흡이 한층 깊어졌다는 것을 느낀다. 목젖까지만 왔다 갔다 하던 공기는 가슴 한가운데까지, 아니면 가끔은 배 깊숙한 곳까지 다녀온다. 숨 쉬는 속도가 느려지고 마음이 차분해진다. 온몸의 세포가 깨어나 맑아지는 것만 같다. 깊은 숨결의 흔들림으로 나는 평화로워 진다.

이 평화는 나를 무의식의 세계로 인도하고, 때로는 신과의 짧은 대화도 허락한다. 이를테면 기도를 하고 나면 갑자기 새로운 생각이 떠오른다. 항상 읽어 왔던 짧은 문구마저도 그 의미가 새롭게 다가온다. 새로운 해석이 툭하고 떨어진다. 이런 체험은 기도가 신의 손을 빌려 나의 무의식에 노크를 한다는 확신을 준다. 그리고 아주 가끔이지만 기도는 세상 저 너머의 신과 나를 직접 연결해준다. 기도를 열심히 하는 기간 동안, 만난 지 오래된 사람에 대한 꿈을 꾼 적도 있다. 오래간만에 상대방과 다시 연락하고 반갑게 서로의 안부를 주고받았다. 신앙의 끈기가 약한 나 같은 사람에게도 기도는 참으로 많은 것을 베풀어준다. 감사할 일이다.

나눔을 통해
새로운 세상의 **밸런스**Balance를
만들어가다

　　같은 드라마를 보고 눈물을 흘리는 사람이 있고, 무덤덤한 사람이
있다. 드라마는 현실을 반영한다고 하는데, 유사한 경험을 한 사람의
마음에는 동同함이 생겨 공감하게 되고, 그렇지 않으면 객관적 사실
만을 기계적으로 받아들여 공감하지 못하게 될 뿐이다. 이처럼 경험
은 사람의 마음을 움직인다. 그 마음은 삶의 변화를 이끌어낸다. 이러
한 면에서 경험은 삶의 방향을 제공한다. 경험이 진할수록, 그 삶의
모습은 뚜렷해진다.

　　공중보건의사로 근무하고 있을 때, 청천벽력 같은 소식을 들었다.

큰아이의 탄생을 기뻐할 겨를도 없었다. 아내의 출산을 앞두고 조마조마했던 마음은 절망으로 내려앉았다. 하늘이 노래지고 주변이 캄캄해진다는, 그 말을 실감했다. 큰아이가 심장 기형으로 태어났다.

원인은 알 수 없었다. 내 삶에 가혹한 결과만 남겨질 뿐이었다. 누구도 원망할 수 없는, 이 참담한 현실 앞에 하루하루를 살아갈, 살아낼 뿐이었다. 이렇게 아픈 아이를 키우는 부모의 마음은 똑같은 경험을 겪어본 사람만 안다. 아이가 가쁘게 숨을 들이 내쉴 때면 정말 나와 아내의 마음은 타들어 갔다. 잘 먹지 못하고 체중도 보통 아이들과 같이 회복되지 않으면, 부모로서의 한계를 경험하고 절망하게 된다. 의사로 살아가는 나였지만, 아이에게 더는 해줄 수 있는 게 없는 상황에 절망했다.

이 경험은 내 삶의 방향을 더욱 뚜렷하게 해주었다. 지금도 성형외과를 찾아오는 선천적인 기형을 가진 아이들이 눈에 밟혀 그 아이들에게 조금 더 많은 신경을 쓰게 되는 것은 아픈 내 아이에 대한 방증으로 자리 잡은 어쩔 수 없는 본능일 것이다. '경험적 본능'이랄까? 타고난 본능은 아니었지만, 이 경험은 나를 새롭게 태어나게 했다. 나는 기형치료에 더욱 큰 관심을 가지게 되었고, 아픔이 있는 사람들에게 더 나은 삶의 질을 제공하는 것에 사명감을 가지게 되었다. 비록 내 아이에겐 해줄 수 있는 것이 없었지만, 그렇기에 더욱 다른 이들의 아픈 아이들에겐, 그리고 아픔을 가지고 내게 다가온 모든 환자에게 해줄 수 있는 모든 것을 해주고 싶었다.

공중보건의 복무가 끝나고 본과로 복귀한 2000년대 초반, 당시 레지던트 시절부터 안면재건, 안면기형에 큰 관심을 두게 되었다. 직접 수술을 하지는 못하고, 관찰만 할 뿐이었지만, 머릿속으로는 늘 이미지 트레이닝을 반복했다. 학문적으로도 기술적으로도 이 분야에 있어서만큼은 최고가 되는 탁월함을 꿈꿨다. 그리고 그렇게 전문성을 갖춰나가기 시작했다. 이 과정에서 나의 지나왔던 삶들이 하나씩 오버랩 되기 시작했다. 미술과 사진, 건축에 관한 관심과 여행을 다니면서 쌓아왔던 경험들이 마치 퍼즐 조각처럼 하나씩 맞추어지는 것이었다. 절대자의 손길이, 무너졌던 내 인생의 퍼즐을 다시 맞추어 준 느낌이었다.

그러나 이 과정은 절대 쉽지만은 않았다. 특히 아이를 다루는 일은, 세심한 기술이 요구되었다. 어른의 1/5 정도밖에 되지 않는 수술 시야에서 이루어지는 일이기에 더욱 조심스럽고 끊임없는 훈련이 요구되는 일이었다. 그러나 적당히 넘어가는 것은 용납할 수 없었다. 내 아이에게 아무것도 해줄 수 없었던 그 절망감을 기억했기 때문에 그러했다. 항상 더 나은 기술을 갖추고자 노력하고 도전했다. 부모로서 겪은 그 좌절과 절망의 아픔은 어느새 내 삶의 사명이 되어버렸기 때문이다. 이제는 안주하거나 돌아설 수 없었다. 힘들어서 포기하고 싶을 때도 분명 있었지만, 그때마다 내 사명감을 되새겼다.

그렇게 계속 여러 과정을 거치면서 나아가자, 어느새 모교에서 교수직을 맡게 되었다. 그러나 교수가 되었다고 나아가는 것을 멈춰서면 안 됐다. 그래서 모교에서 교수생활을 할 때, 당시 권위자였던 분당 서울대병원 백롱민 교수께서 집도하는 수술을 1주일에 한 번씩 참관했다. 어깨너머로 보았지만, 그 경험은 내게 더할 나위 없이 큰 자산이 되었다. 그 후 싱가포르 교환교수로 가게 되었고, 베트남에서 안면기형 재건에 관한 봉사활동도 도와드리게 되었다. 이때의 경험 역시 내 삶의 중요한 변곡점이 되었다.

그러나 급할수록 돌아가라고 했던가. 현실보다 마음이 앞서나갔던 것은 실책이었다. 정말 더 많은 사람에게 도움을 주고 싶은 마음에 모교에서 교수로 남았건만, 환자들은 당연하게도 저명한, 권위 있고 유명한 교수님들에게만 몰렸다. 우리나라의 기형 수술은 대부분 빅4 big four 라고 불리는 대형 대학 병원이나, 지방 거점 병원에서 이뤄지는 현실을 미처 파악하지 못했다. 또, 구개구순열 수술은 2차 수술부터는 보험이 적용되지 않아 정작 필요한 사람들에게는 너무 큰 부담이라는 것 역시 깨달았다. 아이러니하게도 교수로 있을 때보다 오히려 개업을 하고 난 뒤 정말 나의 치료가 필요한 환자들을 도울 수 있는 기회는 더 많이 찾아왔다. 그들의 아픔을 함께 나누면서 나는 더욱 큰 사명감을 느끼게 되었다. 아동시설에 무료로 그 시설에 있는 아동 환자들의 구개구순열의 잔존 기형수술을 해주고 있으며, 앞으로도 내 힘이 닿는 한 최대한 계속해서 도움을 주고자 한다. 그렇게 사명감을 더해서 하는 수술은, 하면 할수록 알 수 없는 마음속 깊은 희열이 내 온몸을 감싸고 일어났다. 경험한 사람만이 아는 희열이자 분명한 행복이었다.

사실 이제는 기형아를 보기 어렵다. 3D 초음파로 다 확인될 뿐만 아니라, 기형으로 인한 유산은 이제는 합법이기 때문이다. 반평생을 안면기형과 재건에 대해서 고심하고 노력해온 나로서는 사실 허탈한 일이 아닐 수 없다. 그렇게 내 사명감도 사그라지려는 찰나, 수술을 받고 기뻐하던 아이들의 모습이 눈에 밟혔다. 오랜 궁리 끝에 내가 사회에 기여할 수 있는 다른 방법을 생각하게 되었다. 최근에 내가 해주는 수술은 사회진출을 앞둔 보육원 시설 아이들을 대상으로 쌍꺼풀 수술을 해주는 것이다. 웬 쌍꺼풀 수술이냐고 말하는 이들도 분명 있겠지만, 그 아이들은 본인이 고등학교 내내 아르바이트를 하며 모은 소중한 쌈짓돈으로 성형외과가 아닌 곳에서 수술을 받는 경우가 많다고 한다. 문제가 없다면 다행이지만, 그렇지 않은 경우가 많아서 열여덟 꽃다운 나이에 쌍꺼풀 재수술을 받아야 하는 경우도 종종 있었다. 그 아이들의 소소하지만 확실한 행복을 이뤄주면서, 내가 꿈꾸고 그려왔던 안면기형 수술을 통해 행복감을 안기는 모습은 아니었지만, 그래도 실질적으로 도움을 줄 수 있는 수술을 하고 있다는 사실에 큰 만족감을 느끼고 있다. 요즘, 수술을 받은 아이들의 감사편지를 한 통 두 통 받을 때, 정말 세상에서 가장 큰 보람을 느낀다.

미용성형 수술이라는 게 사회적으로 폄하되는 면이 없지 않다는 것, 너무 잘 알고 있다. 그러나 삶의 질이 중요해진 이 시대에 필수 불가결한 이 분야의 수술은 앞으로도 수요와 필요가 더 많아질 것으로 예상한다. 또한, 상담하다 보면, 각자 나름의 미적인 콤플렉스와 마음의 고충을 듣게 될 때가 반드시 있다. 이 문제를 해결해 주다 보면, 어느 때는 마치 내가 정신과 의사인 것처럼 느껴질 때도 있다. 미적 밸런스는 정신적 밸런스와 긴밀하기 때문에, 완벽한 미적 밸런스를 추구하는 성형은 정신적 어려움도 치료하는 데 큰 도움을 주기도 한다. 이 때문에 모 방송국의 프로그램에서 내가 언급한 적이 있는 것처럼 나는 성형외과를 스스로 정신 외과라 부르기도 한다.

재건 성형에서의 밸런스가 마이너스에서 제로를 만들어내는 것이었다면, 미용 성형에서의 밸런스는 제로에서 플러스를 만드는 것을 말한다. 두 분야에서 밸런스의 기준이 서로 다르며, 또한 시대적 상황과 요구에 따라서 달라지기에 유연하게 반응하는 것도 상당히 중요하다. 물론 지역에 따라서도 다르다. 여전히 동남아시아 지역에서는 과거 한국이 겪은 기형수술도 요구되기 때문이다. 중요한 것은 이 직업을 통해 사람들에게 더 나은 삶의 질과 행복을 제공하는 것이다. 나는 몇몇 방송에서 수차례 언급한 것처럼, '비율'을 가장 중요하게 다룬다. 소위 황금비율이라는 기계적인 균형은 큰 의미가 없다. 각자 상황에 따라, 만족도에 따라 다르기 때문이다. 그동안 수많은 수술을 해왔지만, 지금도 끊임없이 고민하는 부분이기도 하다. 많은 사람은 이 일을 기술적인 직업으로 여기지만, 나는 절대 그렇게 생각하지 않는다. 한 사람 한 사람의 마음과 정신까지 다뤄야 한다는 사명감은 물론이요, 매 환자마다 새로운 마음가짐으로 진행해야 하기 때문이다.

나는 도리어 여기에 큰 기쁨을 느낀다. 새로운 환자에게 더 나은 삶과 행복을 제공할 때야말로, 내게도 큰 기쁨으로 되돌아오기 때문이다. 지금도 아침 10시부터 저녁 7시까지 주말도 포기하며 병원 일을 할 수 있는 이유다. 나는 내 행복과 사람들의 행복이 함께 배어있는 이 삶과 업에 큰 만족감을 느낀다.

"원장님은 제 관점에서 제 아름다움을 위해 같이 고민해 주셔서 참 좋아요."

얼마 전 수술을 받은 어느 분의 이야기다. 이런 이야기를 들을 때면, 내 일에 더욱 진한 보람을 느낀다!

　1987년에 상영된 〈바베트의 만찬〉이라는 영화가 있다. 덴마크의 바닷가 마을에 바베트라는 프랑스 여인이 찾아온다. 모두가 그녀를 경계했지만, 신앙을 갖고 살아가는 두 자매가 그를 받아주었고, 바베트는 두 자매와 함께 나눔과 봉사의 삶을 살아간다. 그러던 어느 날, 바베트는 복권에 당첨되었고 사람들은 그녀가 그 마을을 떠나리라 생각한다. 하지만 프랑스 최고의 수석 요리사였던 바베트는 단 한 번의 만찬에, 복권에 당첨된 돈을 전부 사용하였다. 갈등과 반목으로 가득했던 마을 주민들은, 이 만찬으로 인해 비로소 서로에게 쌓여있는 불신을 털어버리고 사랑과 화해를 경험한다는 감동적인 내용의 영화다.

　영화에서 바베트는 두 자매뿐 아니라, 마을 주민 모두에게 강렬한 경험을 안긴다. 나눔과 베풂이 가장 큰 행복이며, 여기에 사랑과 용서, 화합의 힘이 담겨 있다는 강렬한 메시지를 준 것이다. 이처럼 행복의 모습은 자기중심적이지 않다. 우리들 사람을 사회적 동물이라 하듯, 관계적 본성, 이타심은 누구도 부인하지 못한다. 따라서 행복 또한 관계를 통해 전이되기 마련이다. 나 혼자 느끼는 만족도 있지만, 다른 사람에게 행복을 전해주며 내게 돌아오는 행복은 더욱 크다는 걸 우리는 알고 있다.

지금 우리 병원에는 얼마 안 되지만 미술작품이나 조각 작품이 전시되어 있다. 소위 말하는 초심을 잃지 않기 위해서 전시해둔 것이다. 지금의 내가 만들어지기까지는, 여러 방면에서 경험한 작은 물결이 서로 어우러지며 내 인생에 큰 파도를 만들어 냈다고 믿는다. 이 소중한 삶의 모습을 잘 유지하고 싶은 마음이 간절하기에 더욱 그렇다. 소소하지만 확실한 행복, 소확행. 그 말에서부터 거창한 느낌이 들지는 않지만, 그럼에도 나는 인생에 소확행을 따라온 결과 크고 귀한 지금의 삶을 얻어냈다.

지금껏 살아온 삶을 기억하면서, 또 다른 소확행을 만들어간다. 내 인생은 앞으로 더욱 짙은 의미를 만들어 낼 것이기에, 오늘도 소소하지만 확실한 행복을 향해 나의 경험을 조금씩 더 쌓아 가는 중이다.

PART 3

DREAMS COME TRUE, 꿈을 현실로 만들어 가다

돈 한 푼 들지 않는
나의 미래 설계법

"최민석 씨는 무엇을 좋아하세요?"

'누군가 나에게 묻는다면 난 어떤 답을 하게 될까?' 40년 넘게 주어진 환경에서 최선을 다하며 달려온 어느 날, 문득 이런 생각이 들었다. 그리고 혼란스러웠다. 최선을 다해 열심히 살면서 충분히 잘 살아왔다고 자부했지만, 그것이 정말 내가 원하는 삶이었을까. 확신은 없었다.

하지만 차츰 시간이 지나면서 몇 가지 해답을 얻을 수 있었다. 첫째, 나는 도전하고 싶은 미래를 상상하고 이를 현실로 만드는 과정을 좋아한다. 둘째, 나는 그 과정에서 다양한 사람에게 비전을 제시하며 그들의 조언과 도움을 구하고 때로는 이 꿈에 도전할 팀을 만들어 함께 실행하는 것을 좋아한다. 셋째, 내가 얻은 경험을 다른 사람과 함께 나누고 그들과 함께 성장하는 미래를 꿈꾼다.

그렇다. 내가 살아온 40년의 세월 동안 나는 의식하지 못했을 뿐이지 내가 좋아하는 일을 해왔다는 생각이 들었다. 그리고 이런 나의 모습은 선천적으로 타고났다기보다 다양한 경험과 인간관계를 통해 배우며 성장해온 것임을 깨닫게 되었다. 결국 나는 결과보다는 무언가를 이뤄가는 과정에서 느끼는 성취감으로 행복을 느끼는 사람이었다.

"무엇을 좋아하세요?"

이 물음은 누군가에게는 직업을 선택하는 기준이 되기도 하고, 누군가에게는 배우자를 선택하는 기준이 되기도 할 것이다. 하지만 무엇보다 진정 자신이 원하는 것이 무엇인지 알고, 그것을 실천함으로써 행복을 얻을 수 있는 첫 번째 관문이 될 것이다. 내가 그랬던 것처럼.

내 고향은 안동이다. 더 정확히 말하면, 안동에 위치한 아주 작은 시골 마을이다. 시골 어르신들은 자식들을 안동으로 유학 보낸다고 이야기하곤 했다. 그러니 안동이라 하지만, 시내에서 깊게 들어간 시골인 셈이다. 도회지처럼 놀 거리가 발달하지 않은 곳이라 나의 놀잇

감은 지천으로 널린 자연환경뿐이었다. 어떻게 하면 30cm가 넘는 월척을 잡을 수 있을지, 어떻게 하면 내 연을 가장 높이 날게 할 수 있는지, 어떤 새총을 만들어야 날아가는 저 새를 한 방에 때려잡을 수 있는지 등 소위 학교 공부와는 거리가 먼 엉뚱한 실험을 하면서 유년기 대부분을 보냈다.

당시 나에게 '서울대'는 환상과 같은 곳이었다. 내가 자란 시골에서도 아주 간혹 서울대에 진학한 선배가 있었지만 그야말로 개천에서 용 나는 일이었다. 그날도 어느 마을의 어느 아무개가 서울대에 붙었다며 온 마을이 떠들썩했다. 마을 사람들이 입을 모아 기적이라고 이야기했다. 현실에서는 도무지 일어나기 힘든 일이라며. 평소처럼 연못에서 낚시하고 있다가 문득 이런 생각이 들었다.

'그 기적의 주인공이 내가 될 수는 없을까?'

그때부터 낚시와 새총 대신 책과 친구를 삼았다. 그리고 당당히 기적을 현실로 이뤄냈다.

몇 년이 흘러 군대에 다녀온 나는 복학하기 전, 미국으로 혼자만의 여행을 떠났다. 영어도 배우고 하버드, 매사추세츠 공과대학MIT, 스탠퍼드처럼 세계 최고의 명문 대학을 내 눈으로 직접 둘러보고 싶어서였다. TV에서만 보았던 캠퍼스를 직접 걸을 때면 현실이 아닌 상상 속에 있는 것처럼 느껴졌다. 다양한 인종이 모여 서로 자유롭게 대화를 나누고 함께 웃고 즐기는 모습부터 푸드 트럭에서 도시락을 사서 캠퍼스에 앉아 여유롭게 점심을 즐기는 모습 등 모두가 내가 다니던 대학 캠퍼스와는 분위기가 사뭇 달랐다.

특히, 2000년 당시 MIT에서는 전 세계 모든 사람에게 배움의 기회를 공평하게 나누자는 취지로 인터넷에 세계 최고 수준의 강의 콘텐츠를 무료로 공개하자는 의견이 있었고, 이 제안은 학생들과 교수들 사이에서 뜨거운 감자였다. 그 논쟁은 내게도 상당히 큰 충격이었다. 수업료가 비싸기로 유명한 MIT의 강의를 어떻게 무료로 공개할 생각을 할 수 있을까? 그렇다면 더 이상 MIT라는 명성은 유지될 수 없지 않을까? 굳이 비싼 수업료를 내고 MIT에 진학할 이유가 없지 않은가!

이 논쟁은 콘텐츠를 공개하자는 쪽의 승리로 결론이 났다. 결국 MIT 대부분의 강의 내용이 오픈코스웨어OpenCourseWare, https://ocw.mit.edu 사이트를 통해 인터넷에 공개되었다. 하지만 내가 우려했던 일은 벌어지지 않았다. MIT는 여전히 세계 최고의 명문대로 인정받고 있으며 많은 석학을 배출해내고 있으니 말이다. 더욱이 MIT에서 시작한 오픈코스웨어 운동은 현재 예일대, UC 버클리대, 미시건대 등 미국 각 주의 주요 대학들도 적극적으로 동참하고 있으며, MOOCMassive Open Online Course라는 통합 플랫폼으로 나날이 진화·성장하고 있다.

나는 삼성전자에 입사한 이후, 이 일의 가치를 깨닫게 되었다. 오폰코스웨어가 '공유를 통한 새로운 혁신 추구'라는 이른바 '행복의 공유'라는 철학을 갖고 있다는 사실도 알게 되었다.

그때 겪은 경험이 새로운 결실로 돌아온 일은 하나 더 있다. MIT 캠퍼스를 돌아다니며 다양한 문화적 충격을 경험했던 나는 기회가 있으면 실제 수업에도 참관하고 싶었다. 마침 Sloan 경영대학원에서 일종의 공개 수업이 있었고, 나는 한 치의 망설임도 없이 수업에 참관했다. 영화 〈굿 윌 헌팅〉의 한 장면처럼 인도, 아프리카, 아시아 등 세계 각지에서 온 학생들이 어우러진 강의실은 참 인상적이었다. 수업의 분위기만 느끼려 했던 나의 머릿속에 또 다른 상상이 자라났다.

'나도 언젠가는 이 자리에 앉아 있을 수 있지 않을까?'

수업이 끝나자 이름표Name Tag가 없던 내게 교수님은 누구냐고 물어보셨고, 영어가 유창하지 않았던 나는 나도 모르게 "5년 후에 다시 학생으로 돌아오겠습니다"라고 말했다. 그리고 거짓말처럼 나는 5년 후 MIT에 돌아갔다.

요즘 나는 '앞으로 다가올 AI, IoT, 블록체인 등이 중심이 될 4차 산업혁명 시대에 스마트폰, TV 등 IT 기기는 어떤 모습으로 진화할까?'라는 상상을 하며 산다. 단순히 생활이 편리해지는 것을 넘어서서 IT 및 반도체 전문가로서 또한 앞으로 다가올 미래를 살아갈 현대인으로서 AI, IoT, 블록체인을 별개로 보는 시각보다는 통합적으로 바라보는 관점이 필요하다는 생각이다. 궁극적으로 신뢰할 수 있는 데이터 기반의 시대가 도래할 터인데 이런 관점에서 IoT는 모든 사물을 인터넷에 연결하여 수많은 종류의 데이터를 생성하는 역할을 할 것이며, 블록체인은 이렇게 생성된 데이터를 참여자들이 직접 검증하여 신뢰성을 보장할 것이고, AI는 신뢰성이 검증된 데이터를 분석하여 사용자가 원하는 정확한 결과 값을 도출하는 역할을 할 것이다.

그렇다면 이러한 기술이 앞으로의 우리의 일생생활을 어떻게 바꿀까? 난 지금 이 순간에도 다가올 새로운 미래의 모습을 끊임없이 상상한다. 한가로운 주말 오후면 내가 좋아하는 여행을 주제로 블록체인, AI, IoT 기술을 어떻게 접목시킬 수 있을지 상상한다. 그리고 그 상상은 조금씩 현실과 가까워지고 있다.

여행은 우리에게 일상적인 삶의 일부분이 되어가고 있다. 바쁜 일상에서 많은 시간을 함께 보내지 못했던 가족이나 연인들은 서로를 재발견하고 애정을 더 돈독히 하는 여행을 떠나기도 하고, 누구는 인생의 큰 변화를 목전에 두고 새로운 각오를 다지고 재충전하고자, 또 다른 누구는 새로운 세상을 눈과 귀에 담고 다양한 경험을 하기 위해 미지의 세계로 훌쩍 떠난다. 그래서 단체로 움직이는 패키지여행보다는 진정 자신을 발견하고 소중한 사람들과의 즐겁고 행복한 경험을 만들 수 있는 혼자만의 또는 소수의 자유여행이 확산되는 분위기다.

하지만 우리나라의 여행 문화는 여전하다. 그룹이면 패키지 상품을 구매하여 여행가이드가 들고 있는 깃발을 보고 단체로 따라다니거나 자유여행객이면 카페, 블로그. 또는 지인 추천 등을 통해 조금이라도 정확한 여행 정보를 수집하기 위해서 여기저기 발품을 팔고 다녀야 하는 불편함을 감수해야 하는 것이 현실이다. 또한, 현지에 가서도 언어 소통의 불편함과 돌발 상황에 대처해야 하는 어려움 등 아직 해결해야 할 문제점들이 여기저기에 잠재해 있다. 전용 비행기를 타고 모든 것이 다 갖추어진 자기 소유의 섬으로 여행하는, 그야말로 말로만 듣던 세계적 갑부의 여행이 아닌, 일반 여행을 가본 사람들이면 모두가 공감할 만한 이야기다.

이러한 생각을 하다 보면, 내 머릿속 떠돌아다니는 블록체인, 가상화폐, AI, IoT들은 각자 자기 역할을 수행하는 모습으로 와 닿는다. 먼저 블록체인 기술을 활용하여 커뮤니티 참여자들을 통해 광고성 여행정보와 직접 여행을 다녀온 여행자들의 리얼한 여행 후기를 구별하여 신뢰성 있는 여행 정보들이 모아진다. 여기서 가상화폐는 여행자들이 직접 올린 후기를 커뮤니티의 공정한 평가를 통해 정당한 인센티브를 지불하는 수단으로 활용될 수 있다. 여행자들은 이렇게 지급받은 가상화폐를 이용하여 다음 여행을 위해 예약하거나 필요한 경비로 환전할 수 있을 것이며, 다시 여행 정보를 공유함으로써 가상화폐를 지급받는 선순환의 토큰 이코노미 구조가 형성될 수 있다.

여행자들은 신뢰성 있는 여행 정보가 생성된 후에 가고 싶은 장소만 정하면, 이제 AI 기술이 장소별 평균 체류시간, 동선 거리, 날씨 등의 데이터를 종합 분석하여 여행자의 개인 성향 및 취향에 맞는 최적의 동선과 일정을 수립해줄 것이다. 예를 들어, 혼자만의 여행인지, 아니면 아이들을 동반하거나 부모님을 동반한 여행인지, 배낭족처럼 여행코스로는 잘 알려지지 않는 장소에 방문하고 싶어 하는지, 아니면 좀 더 럭셔리하면서 안락한 여행을 추구하는지 등에 대한 여행 이력이 더 많이 축적될수록 더 정확한 여행 일정이 만들어질 것이다.

마지막으로 IoT 기술은 현지에서 택시, 렌트카 등을 이용할 때 운전기사와 언어가 잘 소통되지 않는 불편함을 해소시켜 준다. 즉, 운전기사와 여행자는 스마트폰을 통해 같은 여행 일정을 각자의 언어로 공유하고 현지에서 일정 변경이 필요하면 바로 업데이트되는 것이다. 또한, 비컨이나 와이파이 등 위치 측정 기술을 이용하면 여행가이드가 설명하는 것과 동일하게 내 위치의 여행 정보에 대한 오디오 설명을 들을 수 있게 된다.

이렇게 돈 한 푼 들지 않는 나의 상상력은 최대의 즐거움이자 나 자신의 미래를 설계하는 가장 좋은 방법이다. 그렇기 때문에 상상할 때도 난 원칙이 있다. 난 엉뚱한 상상보다 검증 가능한 상상을 선호한다. 물론 정답을 요구하는 검증은 아니다. 그러나 나의 상상이 현실성이 있는지, 내가 생각하는 미래가 나만의 미래가 아닌 그 누가 보더라도 객관적으로 실현 가능성이 있는지를 끊임없이 확인하고 또 확인

한다. 왜냐하면 다양한 상상을 통해 나의 꿈이 만들어지고 그 꿈이 곧 미래의 내 인생을 결정하는 나침판이자 에너지의 원천이 된다는 사실을 나 스스로 잘 알기 때문이다.

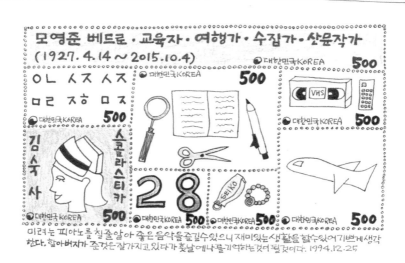

지극히 개인주의적 소확행 • 김미려

1994년에 할아버지께서 보내 주신 크리스마스 카드를 발견했다. 나의 할아버지 모영준 바오로. 할아버지를 다시 생각해보았다. 할아버지는 교육 자이자, 여행가이자, 수집가이자, 산문작가이셨다. 긴 세월 동안 학생들을 가르쳤으며, 당신의 여섯 자손들보다 더 많은 나라를 여행하였으며, 끊임 없이 우표와 신문 기사와 재미난 영상을 수집하였으며, 느끼는 것이 있을 때마다 일상을 기록하고 자손들에게 편지를 쓰는 취미 부자였다. '앗! 취미 부자. 나도 취미 부자인데.' 취미 부자라는 삶의 방식은 내 안에서 자생한 것이 아니었다. 그것은 긴 시간을 통해 내게 주어진 유산이었던 것이다.

할아버지는 당신 자신도 모르는 사이에 나를 취미 부자로 키우셨다. 예술과 세상에 대한 호기심이 담긴 할아버지의 DNA는 엄마를 통해 내게 자연스레 전달되었다. 그리고 그 DNA는 내가 외가에 갈 때마다 꿈틀거렸다. 벽에 걸어둔 열쇠고리와 자석, 방 한쪽에 가지런히 정리해둔 우표책과 비디오 테이프는 매번 나를 자극했다. 멀리 떨어져 지내는 자식들에게 편지를 쓰시는 모습도 물끄러미 바라보곤 했다. 아무리 생각해보아도 할아버지의 취미 부자 DNA는 나를 통해 아직도 이 세상에 살아 있음이 분명했다. 할아버지는 아직 살아 계신 것이다. 기뻐서 눈물이 날 지경이었다. 내가 스스로에게 기쁨이 되는 특별한 순간이었다.

인간관계에서 배우는 현실적인 인문학 수업

어린 시절 커다란 자연 과학상자 속에서 자란 탓인지 나는 수학과 과학을 좋아했다. 자연스럽게 전공도 수학과 과학이 뒷받침되는 전기전자공학과를 선택했다. 그리고 졸업 후에는 전공에 맞게 삼성전자 소프트웨어 연구소에 취업했다. 누가 보더라도 합리적인 진로 선택이었다. 내가 꿈꾸던 엔지니어의 길이었기에 무엇 하나 빠지지 않는 최상의 조건이었다.

인간관계 역시 마찬가지였다. 나와 비슷한 환경에서 자라고, 나와 비슷한 꿈을 꾸고, 나와 비슷한 사고방식을 지닌 사람들을 주로 만났다. 일정 수준의 범위에서 벗어나는 사람들이 드물었기에 별다른 어려움 없이 무난한 사회생활을 시작할 수 있었다. 거기에 열정과 패기가 넘치는 신입사원답게 최고의 기술을 개발해 회사 성장에도 크게 기여할 수 있으리라는 막연한 자신감마저 충전된 상태였다.

좋게 이야기하면 안정적이고, 나쁘게 말하면 단조롭고 지루했던 나의 사회생활과 인간관계였다. 이 삶에 결정적인 변화를 준 곳은 다름 아닌 MIT Sloan 경영대학원이었다. 입사 4년 차 무렵 다양한 진로를 고민하던 나에게 회사에서 지원하는 미국 경영대학원MBA 프로그램에 참여할 기회가 생겼다. 미국 경영대학원이라면 MIT Sloan 경영대학원에서 "5년 후 돌아오겠다"는 말을 남겼던 내 머리에 깊숙이 각인된 곳이다. 더불어 인도의 천재들, 미국 아이비리그IVY League 대학 출신 등 공부로는 둘째라면 서러워했을 공붓벌레들로 가득 차 있을 거라는 선입견도 가지고 있었다.

하지만 이런 나의 예상은 완전히 빗나갔다. 물론, 인도 공과대학 Indian Institute of Technology 을 졸업하고 GMAT 미국 경영대학원 입학시험 만점을 받은 천재들도 있었고, 마치 스크린에서 튀어나온 듯 귀티가 철철 넘치는 프린스턴대, 하버드대 출신의 백인 친구들도 있었다. 그러나 350~400여 명 정도 되는 입학생들 중에서 내가 상상했던 소위 공붓벌레들은 절반도 안 되는 것 같았다. 자전거 수리점을 직접 창업하고 운영했던 친구, 어릴 때 한국인으로부터 태권도를 배우면서 한국 문화를 동경하게 되어 한국에 꼭 한번 가보고 싶다던 아프리카

출신 친구 실제 이 친구는 MIT 학생들을 대상으로 한국에 일주일 동안 초대하는 Korea Tour라는 행사를 통해 한국에 다녀갔다, 전쟁의 참혹함과 생사의 기로에 놓였던 순간을 경험한 이라크 전쟁에 참여했던 미국 육군 친구, 그리고 지칠 줄 모르는 열정과 그만의 쾌활한 성격으로 거의 모든 학교 행사에 적극적으로 참여하며 많은 학생과 교류한 미국 해병대 출신의 체력 끝판왕 친구 등등. 서로 다른 배경과 문화를 가진 학생들과의 교류를 통해 학교생활도 각양각색의 조각으로 이뤄진 아름다운 모자이크와 같이 다양한 경험으로 가득 차 갔다.

지금 돌이켜 보면 이러한 친구들과 잘 어울리며 서로의 성장을 도울 수 있었던 가장 중요한 원동력은 서로에 대한 '인정'이었던 것 같다. '인정'이라는 것은 어떤 면에서 미국이 세계 최강의 국가가 될 수 있는 근간이기도 하다. 전 세계에서 찾아온 이민자들이 다양한 민족과 공존하고 조화를 이루며 성장의 동력을 제공했기 때문이다. 미국 대학들이 세계 최고 수준으로 급상하게 된 이유도 그렇다. 자유로운 분위기에서 스스로 성장을 도모하고 글로벌 네트워킹을 하기에 손색 없는 학교 시스템과 문화를 경험하고자 전 세계의 인재들이 몰려오기 때문일 것이다.

'인정'이란 단어를 좀 더 깊이 생각해보면, 조화를 이루는 데 그치지 않고 오히려 각 구성원의 장점을 극대화해서 시너지를 만들어 내는 역할도 한다. 왜일까? 사회적 동물인 인간은 필연적으로 사회 속에서 나만의 가치를 찾아 나아간다. 이런 과정에서 '인정'은 다른 사람으로부터 나의 존재가 의미 있고 반드시 필요하다는 메시지를 받는 것이다. 각자의 장점을 인정하는 문화는 구성원 개개인의 역량을 최대한 발휘할 수 있도록 동기를 부여하는 셈이다.

'인정'과는 비교 또는 대조되는 개념이 '자랑'이다. 나의 내면에서 출발하여 스스로 표출하고 싶은 나 중심적인 욕구가 자랑이라면, '인정'은 외부에서 시작되어 나의 내면으로 들어온다. 이런 이유로 '자랑'을 많이 하는 사람은 혼자지만 물론 다른 사람의 관심을 끌기 위해 자랑하는 사람도 간혹 있다, '인정'을 많이 받는 사람은 항상 주위에 사람들이 많기 마련이다. '자랑'은 나 혼자면 되지만, '인정'은 나와 동고동락하는 주위 사람들이 필요하다.

"사람이 재산이다"라는 말처럼, 원만한 인간관계는 개인의 행복은 물론이고 사회적 성공을 위해서도 매우 중요한 요소다. 요즘 우리나라에서도 과거 2000년대 초반기의 창업 붐이 다시 형성되는 분위기라 개인적으로 흐뭇한 마음이 든다. 블록체인, AI, IoT 등 4차 산업혁명기가 다가오는 즈음에 이런 도전적인 사회 분위기가 새로운 글로벌 기업들의 탄생으로 이어진다면 우리나라의 미래에 더할 나위 없이 큰 도움이 될 것이다. 하지만 한편으로는 걱정도 앞선다.

이런 긍정적인 창업 분위기가 좋은 결실을 맺지 못한다면 "역시 우리나라에서 창업을 통해 성공하는 것은 어려워. 공무원, 의사, 공기업, 대기업 등의 안정적인 직업이 최고야"라는 편견이 굳어질 수밖에 없다. 이는 우리나라 경제 구조가 대기업 중심에서 탈피하여 다양성을 갖춘 모습으로 성장하기에 어려움이 많을 것을 암시하기 때문이다. 한마디로 우리나라 경제도 변곡점의 기로에 있는 것이다.

어떻게 하면 창업 열풍을 실질적인 성공으로 연결할 수 있을까? 수많은 글로벌 IT 벤처기업을 분석하여 실제 지분투자, 인수 및 합병 M&A 등을 경험한 나에게 묻는다면, 나는 자신 있게 '팀원 구성'이라고 이야기할 것이다.

최근 정부에서도 자금 지원과 제도 개선 등 통해 제2의 벤처 붐에 적극적으로 지원하고 있으며, 벤처 1세대의 성공 주역들도 후배 양성을 위해 많은 시간을 할애하여 아낌없이 조언하는 추세다. 그런데 논의의 초점을 보면 '무엇을' 창업할지에 대한 아이디어 및 아이템에 지나치게 쏠려 있다는 느낌을 떨쳐 버릴 수가 없다. 어떤 벤처를 보아도 한 명의 사람이 혁신적인 아이디어를 떠올리고 혼자 사업화까지 성공적으로 수행하는 경우는 극히 드물다. 기술이 점점 더 복잡해지고, 정부 규제나 자금력 등 사업 환경이 점점 더 까다로워지고, 경쟁이 점점 더 치열해지면서 주위 사람들의 도움 없이 아이디어를 성공적으로 데뷔시키는 것은 거의 불가능에 가깝다고 본다. 이런 면에서 혁신적 아이디어를 성공적으로 사업화하기 위해서는 다양한 관점에서 아이디어의 장단점, 위험 요인, 경쟁 환경 등을 분석해야 하고, 이를 위한 팀원 구성은 매우 중요하다.

우리가 자주 사용하는 포스트잇은 사실 실수로 탄생한 상품이었다. 1970년 3M의 연구원이던 스펜서 실버는 강력 접착제를 개발하던 중 의도치 않게 접착력이 약하고 끈적임이 없는 접착제를 발명하게 되었다. 당시 주변 사람들은 이 접착제를 신기하게 생각했지 기술로 인정하지 않았다. 이 접착제를 되살린 건 실버의 동료 아서 프라이였다. 책에 붙여준 서표가 자꾸 떨어져 고민했던 그는 이 접착제를 적용한 메모지를 만들었고, 이는 전 세계적으로 히트 상품이 되었다. 만약 실버에게 아서 프라이와 같은 동료가 없었다면 우리는 포스트잇을 만나지 못했을지도 모른다.

일반적으로 기술 중심의 초기 사업화를 위한 내외부 인적 요소로서 크게 개발자 또는 발명가개발 및 생산, 사업가전략 및 영업마케팅, 및 투자자엔젤 및 벤처투자로 나눌 수 있다. 흥미롭게도, 이 세 부류 사람들의 성향이나 사고방식은 너무나 다르다. 기술 개발자 또는 발명가는 창의적이며 대부분의 사람들과 다른 방식으로 사물을 바라보는 시각을 갖고 있다. 이들은 자신이 개발한 기술이나 아이디어를 마치 자신이 낳은 자식처럼 생각하기 때문에 지나칠 정도로 열정적이며 상업화나 시장성보다는 기술 자체에 집착하는 면이 크다. 물론, 이러한 부분이 바로 이들의 가장 큰 장점이자 단점이기도 하다. 이들의 근본적인 성향을 잘 파악하면 때로는 자기중심적이고 때로는 왕(!) 고집스러워 보이는 다소 독단적인 행동도 이해될 것이다.

다음으로 사업가는 사업 기회를 포착하여 목표를 설정하고, 그 목표에 도달하기 위한 전략적 방향을 제시하여 팀원을 독려하는 등 사업화 팀의 지휘자와 같은 존재다. 미국에서는 개발자 또는 발명가와는 별도로 전문 경영인 출신의 사업가를 영입하는 경우도 있다. 그들은 주로 목표 중심의 성공 지향적인 삶을 살며 에너지가 넘치고 다양한 분야에 지적 호기심을 보이며 무엇보다 승부욕이 강하다. 사업가들의 성공에 대한 정의는 개인별로 천차만별이지만, 내 관점에서는 "성공=목표 달성=인정"로 정의 내리고 싶다. 또한, 사업가의 탁월한 능력이 바로 뛰어난 사회성 또는 사교성이다. 이런 외향적인 성향이 실제 제품 및 서비스 판매 기회를 발굴하고 매출로 이어지는 데 매우 중요한 기여를 한다고 생각한다.

마지막으로, 투자자는 우리에게 잘 알려져 있는 투자의 귀재인 워런 버핏처럼 냉정하고 이해타산적인 이미지로 창의적이고 감정적인 개발자, 발명가들과는 상반된 모습으로 보인다. 하지만 사업화 팀에 있어서 외부 투자자의 역할은 내부 팀원들에게 매우 중요하다. 창업 과정에서 투자금은 씨앗을 뿌린 후 주는 물과 같기 때문이다. 가족이나 친구들이 관여하는 초기 단계의 엔젤 투자와는 달리, 전문적인 벤처캐피털리스트는 객관적인 시각과 경험을 통해 기술 평가, 사업화 과정, 그리고 그에 따른 위험요소들을 잘 파악하고 있기에 이러한 전문투자가들과의 네트워킹은 향후 벤처의 사업화 성공에 중요한 디딤돌 역할을 한다. 혁신적인 기술 벤처는 이 다양한 성향과 경험을 갖고 있는 세 부류의 사람들이 한 배를 타고 더 큰 바다를 향해 나아는 것이다. 공동의 목표를 달성하는 데 각자의 개성과 능력 및 장점을 인정하는 자세와 서로 단점을 보완해줄 수 있는 팀 문화가 파도치는 망망대해를 지나가도 잠시 급류에 휩쓸려 표류해 있다고 하여도 다시 성공의 정착지로 나아갈 길을 제시하는 나침판을 보며 앞으로 조금씩 전진하게 만드는 원동력인 것이다.

난 사람들을 동기부여하는 데도 앞서 말한 '인정'이 중요하다고 생각한다. 금전적 보상도 중요하겠지만 자신이 갖고 있는 재능과 능력을 발휘하게 하여 타인에게 도움이 되고 그들로부터 인정받는다면 그보다 큰 기쁨과 성취가 어디 있겠는가. 천연자원 대신 우수한 인적자원을 보유한 우리나라는 서로를 있는 그대로 인정하고 존중하는 문화를 정착시키는 데 그 어떤 것보다 우선해야 하지 않을까.

내 상상 속 꿈을 사람들과 더불어 현실적으로 이루려면, 결국 사람에 대한 이해가 핵심이며, 다양한 사람을 만나는 과정 자체가 살아있는 인문학 수업이라고 생각한다. 난 앞으로도 나와 다른 배경, 문화, 경험을 가진 사람들과 만날 기회가 생기면 내 마음속으로 불편함을 떠올려 그들을 회피하기보다는 다가가기 위해 노력할 것이다. 그들의 다양함을 먼저 인정하고 그들을 통해 나의 상상력과 인문학적 소양을 넓힐 수 있다면, 시작이 반이라는 말처럼 벌써 반이나 간 나의 행복의 여정을 떠올리면서 말이다.

움직이지 않으면
아무것도 달라지지 않아

나는 세계 최고 IT 기업인 삼성전자에 15년 이상 근무하면서 스마트폰, 스마트TV, 반도체 등 하드웨어와 소프트웨어sw, 콘텐츠 서비스 플랫폼 등 IT 산업의 전 분야뿐만 아니라 벤처 투자와 기업 인수 및 합병M&A 등을 경험할 수 있는 아주 큰 행운을 얻었다.

또한 사원 4년차 소프트웨어 엔지니어 경험이 전부였던 나는 MBA에 재학하는 동안 혁신적 기술의 사업화 과정, 기술 마케팅, 재무/회계 등 다양한 분야의 수업을 통해 지식의 폭을 넓힐 수 있었다. 마침 MBA 졸업 후 회사에 복귀하여 부서 선택의 기회가 주어졌을 때 나는 MBA에서 배운 지식을 최대한 활용할 수 있는 회사의 신사업 확보를 위한 인수 및 합병M&A 전담 부서로 옮겼다.

비록 나의 전문 분야인 SW와는 다소 거리가 멀었지만, 새로운 부서에서 일하며 나는 다수의 M&A를 통해 인구의 고령화 시대에 유망 사업이었던 의료기기 사업의 기반을 확보하는 경험을 쌓을 수 있었다. 또한 이런 M&A 업무에 대한 기본적인 경험을 쌓은 후에는 갤럭시 스마트폰의 콘텐츠 서비스 에코시스템을 구축할 미국 실리콘밸리 소재의 음악서비스 회사mSpot 인수 과정에도 참여할 수 있었다. 하지만 단순히 음악서비스 회사를 인수하는 데 머물지 않고 실제로 이 서비스 사업에 참여하여 글로벌 콘텐츠 서비스 플랫폼으로 성장시키는 데 참여하고 싶다는 꿈을 꾸었다. 그리고 회사에 나의 의지를 강력하게 어필했다. 결국 나는 그쪽 분야의 부서로 다시 옮길 수 있게 되었다.

하지만 세계 최고의 제조 역량을 보유한 회사에서 콘텐츠 서비스 사업은 쉽지 않았다. 제조업은 정해진 일정에 맞춰 틀에 짜인 프로세스대로 오차 없이 움직여야 하지만, 콘텐츠 서비스업은 창의성과 아이디어가 중요하며 고객의 반응을 수시로 반영해야 하기 때문에 기존 제조 프로세스와는 아주 달랐다. 회사의 막대한 수익원이었던 스마트폰 사업에 모든 업무 프로세스를 맞춰야 했기에 콘텐츠 서비스 사업 역시 제조업 방식으로 운영되어야 하는 상황이었다. 결국 야심차게 시작했던 사업은 큰 성과를 내지 못하자 회사는 결국 관련 부서를 접는 결정을 내리게 되었다.

　당시 추진했던 음악 서비스 형태는 FM/AM 라디오 채널처럼 자신이 원하는 곡을 검색해서 듣는 대신 회사가 선곡해서 이미 만들어 놓은 다양한 플레이 리스트를 스트리밍으로 제공하는 형태였다. 스마트폰의 킬러 서비스로서 충분히 잠재력이 있었고, 실제로 당시 경쟁 관계에 있었던 스타트업인 스포티파이는 2018년 4월 뉴욕증권거래소에 상장하며 예상가 대비 20% 이상 높은 가격에 거래되면서 현재 시가총액이 300억 불32조 원에 육박한다. 또한 애플은 최근 스마트폰 산업이 성장 정체에 접어들며 성장에 대한 우려가 컸으나, 2018년 1분기 실적을 보면 콘텐츠 서비스 사업부문 매출이 92억 불로 전년 동기에 비해 무려 31%나 성장했다. 또한, 2020년까지 이 분야 매출을 2배 이상 늘리는 목표를 밝히기도 했다. 이처럼 미래에 대한 성장 잠재력에 확신이 서면 중간 과정에서 일부 어려움이 있더라도 지속적인 투자를 통해 막대한 성과를 거둘 수 있다.

　반면, 삼성은 이 콘텐츠 서비스 사업 분야만은 그렇지 못했다. 단기 실적이 중요한 회사 분위기상 그 누구도 이 분야에 지속적인 투자를 주장하지 못했을 것이다. 회사의 이런 근시안적인 결정에 다소 실망하였지만, 나는 반도체 사업부에서 다음 커리어를 이어갔다. 어떻게 보면 실사용자들에게는 보이지 않겠지만, IT 분야의 가장 상위단인 콘텐츠 서비스 산업에서 묵묵히 많은 기능을 하는 반도체 산업으로의 전환은 너무 퀀텀 점프일 수도 있었다. 하지만 이런 결정의 배경에는 사업의 경계가 사라진 4차 산업혁명 시대에 나 개인의 역량 역시 IT 산업 전체에 대한 이해와 실무 경험을 쌓는 것이 필요하다는 결론이 있었다.

2017년에는 일본의 소프트뱅크가 영국 기반의 세계적 반도체 개발 회사인 암 홀딩스ARM Holdings를 240억 파운드약 36조 원라는 천문학적인 금액에 인수하며 세상을 놀라게 했다. 소프트뱅크 손정의 사장은 암을 인수한 이유로, 모든 물건이 인터넷에 연결되는 사물인터넷 시대의 도래에 발맞춰 4차 산업혁명의 두뇌를 선제적으로 확보해야 한다고 밝혔다. 또한 반도체 업계 내에서도 비록 실패로 돌아가긴 했지만 2017년 싱가포르 기반 회사인 브로드컴이 미국의 퀄컴을 1,300억 불약 144조 원에 인수하려는 시도는 반도체 업계 사람들을 깜짝 놀라게 했다. 현재 인터넷 플랫폼의 세계 최강 기업인 구글이 Tensor Processing Unit라는 인공지능 칩을 만들고 있으며, 온라인 쇼핑의 최고인 아마존 역시 이스라엘 소재 Annapurna Labs를 인수하여 자사 데이터센터에 적용할 반도체 칩을 개발하고 있다. 이뿐만이 아니다. 중국의 인터넷 플랫폼 기업인 바이두 역시 자율주행 등에 적용할 XPU라는 반도체 칩을 개발하고 있다.

이처럼 글로벌 기업들이 어떻게 보면 무모할 정도로 끊임없이 변화를 시도하는 이유는 무엇일까? 바로 앞으로 다가올 세상의 불확실성에 대비하려면 다양한 분야의 사업 역량과 선순환의 사업 구조가 필요하기 때문일 것이다. 글로벌 사업 환경에서 불확실성을 다른 말로 표현하면 'Winner takes all'로 나타낼 수 있다. 왜냐하면 앞으로 다가올 4차 산업혁명이 구체적으로 어떻게 다가올지는 예상할 수 없지만 많은 전문가의 공통된 의견은 바로 규모와 속도 면에서 우리가 지금까지 경험해 보지 못한 수준으로 펼쳐질 것이란 점이다. 즉, 사업 기회는 훨씬 크지만, 불확실성이 높아 누구든 먼저 주도권을 쥐는 업체가 주어진 기회를 독차지할 수 있는 것이다.

어쩌면 구글, 아마존, 바이두 등 이런 업체들은 인터넷이라는 새로운 기회를 조기에 포착하여 엄청난 성공을 거둔 경험이 있기에 또 다른 미래를 보고 남들보다 한발 앞서서 움직이는 것은 아닐까? 물론 한국 기업들은 다행히 디지털로 전환되는 시점에 발 빠르게 대응했고, 이어서 다가온 모바일 시대에도 잘 적응한 결과 지금은 일본의 대표적 기업들보다 훨씬 더 좋은 경영 성과를 올리고 있다. 여기에 안주하지 않고 지금까지 쌓아온 재무적 인적 역량을 기반으로 우리도 수백 년 존속할 수 있는 기업의 미래를 상상하며 실행할 가장 좋은 기로에 서 있다고 본다.

영국 경주마인 서러브레드는 우수한 말끼리 교배해 만들어낸 뛰어난 종으로 지금도 세계 각지에서 품종 개량에 이용된다고 한다. 그런데 20세기 초반에는 이 말이 경주에서 전혀 이기지 못했다고 한다. 이유가 무엇일까? 20세기 초반 영국에서는 서러브레드종에 대한 정의가 엄격해지면서 선조들의 혈통이 모두 기록되지 않은 말은 서러브레드로 인정받을 수 없게 되었다. 당시 기수클럽의 회장 이름을 따 '저지규칙Jersey Act'이라 부른 이 규정은 아무리 우수한 말이라도 집안이 좋지 못하면 서러브레드로 인정하지 않았다. 결국 지나친 순혈주의로 인해 당시 서러브레드의 실력은 경마 신흥국인 미국과 프랑스의 말을 도저히 이길 수 없게 되었다.

영국 서러브레드 사태는 우리나라 기업에도 시사하는 바가 매우 크다. 바로 다양성에 관한 것이다. 지금 잘 나가는 사업만 고집하고 미래를 위한 다양한 시도를 하지 않는다면 결국 언젠가는 위기가 닥칠 것이다. 또한, 회사 문화 역시 마찬가지로 외부 전문가 또는 외국인들이 자리 잡을 수 있는 문화를 만들지 않고 그들의 시각을 받아들이지 않으면 고인 물이 되어 외부 변화를 감지하고 대응하는 역량을 갖출 수 없을 것이다.

이는 앞으로 다가올 4차 산업혁명이라는 새로운 세상을 살아야 하는 우리 개인도 마찬가지다. 불과 15년 전만 하더라도 가장 각광받던 직업인 은행, 증권사, 신용카드사 등 금융권의 상당수 일자리가 이제는 AI로 대체될 전망이라고 한다. 또한, 카카오뱅크 등 IT 업체와 경쟁 관계에 있다. 이는 상상도 못 했던 일이다. 하지만, 항상 위기만 있는 것은 아니다. 최근에는 블록체인에 기반한 가상화폐가 주목을 받으면서, 가상화폐 거래소 등 새로운 분야에서 기존 금융권에서 일했던 노하우와 지식을 많이 필요로 한다. 이처럼 미래는 위기와 기회가 공존해 있기 때문에, 위기를 기회로 바꾸기 위해서는 다양한 분야의 경험과 아울러 현실의 편안함에 안주하지 않고 새로운 변화를 끊임없이 도전하는 마음가짐이 중요하다.

개인적으로 SW 엔지니어에서 기업 인수/합병과 뮤직서비스, 지금은 반도체라는 완전히 새로운 분야에서 일하며 얻은 소중한 경험을 통해 새로운 도전이 주어졌을 때 다양한 관점에서 문제를 분석하여 구체적인 실행 전략을 수립하고 또 실제로 실행할 수 있는 역량을 갖출 수 있게 되었다. 지금 하고 있는 일이 너무 편안하고 타성에 젖어 그냥 하던 대로 하는 모습이라면, 당장이라도 새로운 업무에 도전해 보면 어떨까. 새로운 업무를 택할 때는 나름의 기준이 필요하다. 첫째, 앞으로 더 중요해질 업무 및 분야인지? 둘째, 지금 내가 하고 있는 업무와 상관관계가 강한지? 셋째, 나 스스로 동기부여가 되어 호기심을 갖고 적극적으로 업무를 추진할 수 있을지? 이 세 가지를 곰곰이 생각해보고 스스로 답을 찾고 행동에 옮길 수 있다면 앞으로 어떤 위기가 찾아오더라도 그 위기를 기회로 만들 수 있을 것이다.

《손정의 300년 왕국의 야망》이란 책을 보면 손정의 사장이 어떤 전략과 비전으로 글로벌 IT 산업을 리딩하고 있는지 잘 알 수 있다. 손정의 사장은 자신의 목표를 다음과 같이 밝혔다.

"기업체란 경영자의 수명보다 더 오래 존속할 수 있습니다. 그렇다면 에도 막부를 뛰어넘어 존속할 만한 기업을 만들어야겠다는 생각이 들었습니다. 이 생각을 창업하는 첫날부터 줄곧 가슴에 품어왔습니다. 서양에는 동로마제국 등 300년 이상 존속한 조직이 많습니다. 따라서 나도 할 수 있겠다는 생각이 들었습니다." 참고로 에도 막부는 일본 역사상 가장 오랜 시간인 270년간 존속했다.

말로만 한 것이 아니었다. 소프트뱅크는 30년, 아니 300년이라는 거대한 비전과 목표를 갖고 있다. 우리는 손정의 사장처럼 300년까지는 아니겠지만, 지금까지 쌓은 자신의 역량과 경험을 기반으로 최소한 30년의 목표를 바라보며 자신만의 비전을 갖고 좀 더 성장할 수 있는 기회를 모색하고 시도하는 과정이 중요하지 않을까. 그리고 나의 다양한 경험을 묶어 또 다른 인생의 도화지에 그릴 수 있는 실행력이 있다면 나는 나만의 소소하지만 확실한 행복을 살아가고 있다고 감히 자부한다.

PART 4

반복된 지루한
일상 속에 숨겨진
행복이라는 선물

아직 **처음**이야? **쫄지 말고**
너만의 특권을 누려봐

7월은 내게 특별한 시기인 것 같다. 8년 전 7월에는 첫 직장을 가졌고, 2018년 7월은 내가 업무적으로 큰 도전을 이뤄낸 시기이기도 하다. 사실 직장인에게 각각의 월月들은 의미가 없는 것 같다. 월화수목금 쳇바퀴처럼 돌아가는 일日들만 있기 때문이다. 반복된 일상에 매몰되다 보니 오늘이 금요일인지 아닌지의 여부만이 의미가 있었다. 그나마 개인적으로는 2018년 7월을 기점으로 업무에서 한시름 놓고 나니 여유가 많이 생긴 기분이다. 그러다 보니 이전보다 더 주위 동료 및 지인들에게 눈길을 돌리게 된다.

처음 입사하고 막내 생활을 꽤나 오래 했었다. 하지만 지금 나는 어느새 부서 내 중간쯤에 위치하고 있다. 업무 특성상 소규모 조직을 유지하기 때문이다. 주위에 입사한 지 1년이 채 안 된 후배들도 있는데, 도제식 업무 환경 때문에 사실 직접적으로는 교류가 많지 않았다. 이럴 때면 문득 놀랍기도 하다. 일상에서 가족보다 더 오랜 시간을 보는 사이기 때문이다. 그러다 보니 최근 들어서 주변 후배들에게 너무 무심했던 나 자신이 내심 부끄러울 때도 있다.

　어느 날 풀이 죽은 부서 후배의 얼굴이 눈에 들어왔다. 누가 봐도 주변 사람으로부터 한 소리 들은 얼굴이 명백했다. 부서 내 막내면서 온갖 뒤치다꺼리는 다 하던 후배였기에 안쓰러운 마음으로 다가가 말을 걸었다. 역시나 사수의 한마디에 심적으로 크게 위축된 상태였다. 열심히 했지만 올바른 방법이 아니었고 게다가 사소한 실수까지 동반된 연유였다. 후배는 일 처리를 깔끔하게 끝내지 못한 자신을 자책하고 있었다. 나아가 이미 벌어진 일뿐만 아니라 내일 그리고 모레가 걱정된다고 토로했다. 앞으로 더 혼날 걱정은 차치하더라도, 계속된 본인의 과오로 인해 사수를 실망하게 할까 봐 두렵다고 했다. 업무적인 일이지만, 사수의 쓴소리가 거듭되다 보면 이대로 사수와의 관계가 혹여 어색해지지는 않을까 걱정하고 있었다. 평소 성실했던 동료임을 알기에 따뜻한 위로를 건네고 싶은 마음이 들었다.
　돌이켜보면 나 또한 입사 초기에 스스로 초라하게 느낀 적이 많았다. 회사 업무는 늘 새롭고 나에게 주어진 임무는 늘 벅찼다. 아침에 눈 뜨면 출근하기가 막막하고 두려웠다. 오늘은 또 어떤 이메일이 날라와서 나를 괴롭히려나 미리 걱정하곤 했다. 그에 반해 주변 동료들은 각자 주어진 임무를 잘 해결하는 것 같았다. 그리고 한 발 한 발 발전해 나아가는 것 같았다. 나는 심적 여유도 부족하고 닥친 일들을 소화해내기 급급하다 보니 사소한 계산도 틀린 적이 잦았다. 사소한 일들이 누적되다 보니 담당 사수로부터 주의를 듣기도 했다. 결국 악순환만 초래되어 회사 내 대인관계에서도 위축되었다. 행여 사수나 동료들이 내 흉을 보지는 않을지 신경 쓰였다. 내가 속한 이 작은 집단에서 나는 어떤 평가를 받고 있는지 근심하며 심적으로 불안정한 상태가 지속되었다. 긴장의 연속선에서 여유가 생길 리 만무했고, 한번 시작된 실수는 줄어들지 않았다. 정확히 어느 시점인지는 희미하지만, 꽤 오랜 시간이 흘러서야 비로소 여유도 생기고 업무에도 능숙해졌던 것 같다.

정확히 말하자면, 30대에 접어든 이후 연차가 어느 정도 쌓이고 반복 업무에 능숙해졌을 무렵에 들어서야 직장생활에 여유가 생겼다고 봐야 할 듯싶다. 여전히 나는 회사에서 내게 주어진 일을 처리하기에도 빠듯한 일상을 보내고 있지만, 그래도 주위를 둘러보면 앞서 언급한 후배 및 그 외 어린 동료들이 눈에 들어온다. 이따금 일부 후배들의 업무 실수가 눈에 띄는 경우도 있는데, 그들이 자신의 실수로 인해 전전긍긍하는 모습을 지켜보면 자연스레 입사 초기 내 모습이 오버랩된다. 하지만 내 후배들은 나처럼 힘들어하지 않기를 내심 바란다. 나 또한 무척이나 힘든 시기를 겪었지만, 어느 순간 시간이 지나고 나서 보니 아무 일도 아니었다는 점을 알기 때문이다.

얼마 전부터 친한 형과 나눴던 대화가 불쑥 떠오르곤 한다. 형은 행복하게 사는 법에 대해 고민한다고 했다. 정확인 언제였는지는 기억나지 않지만 3~4년 전쯤으로 기억한다. 그는 같은 회사 선배는 아니었지만 동종 업계 선배였다. 나는 그와 같은 반복적인 일상을 공유했지만 나는 그의 말에 공감할 수 없었다. 나는 일상에서 한 번도 생각해 보지 못한 사고였기 때문이다. 굳이 표현하자면 하루하루 치열하게 살기 바빴기 때문에 그런 생각을 할 여유가 없었다고 해야 할 것 같다. 하지만 지금은 다르다. 나 역시 문득 행복이란 무엇인지 고민하게 되는 순간들이 자라나고, 그런 순간들이 더 빈번해진다. 오히려 신입 시기에 여유가 없음을 핑계로 사소한 행복조차 느끼고자 시도하지 않은 내 젊은 시절들이 측은하기까지 하다.

누구에게나 처음은 있다. 처음부터 매사를 능숙하게 잘하는 사람은 없다. 어느 조직이든 신입은 어리숙하기 마련이다. 그리고 실수도 곧잘 하고 선배들로부터 따끔하게 혼도 날 수 있다. 하지만 실수할까 봐 두려운 마음에 일상을 회피할 필요는 없다. 그보다 매사에 최선을 다해 부딪히고 더 많이 틀려봐야 한다. 이는 처음이기에 누릴 수 있는 특권이다. 후회 없이 노력하고, 그리고 내 잘못을 파악하다 보면 내일의 나는 어제의 나보다 한 걸음 더 성장해있을 것이다. 오늘의 내가 남아 있는 내 인생에서 가장 부끄러운 모습일 수 있도록 최선을 다하면 그만인 것이다.

최고보다 최선이 미덕인 점이 많이 퇴색되는 것 같다. 어딜 가든 경쟁이 치열해지다 보니 결과가 중요시되는 면도 적잖이 이해는 간다. 하지만 인생이라는 긴 경주에서 최선을 다한 하루하루를 켜켜이 쌓다 보면 어느 순간 자랑스러운 자신과 마주할 수 있다고 믿는다. 우리 주위에는 하루하루 열심히 사는 청년들이 많다. 더 많은 친구들이 조급함을 다른 한 편에 내려놓고, 최선을 다한 그 순간을 즐기는 여유를 느껴보면 어떨까.

지극히 개인주의적 소확행 · 김미려

나이가 들면 지혜가 쌓인다고들 한다. 그러니까 내 나이쯤 되면 뭔가 고민이 생겼을 때 그것을 빨리 해결해낼 것만 같다. 하지만 웬걸, 나이만 쌓인 것이 아닐까 반문할 때도 많다. 고민이라는 미로에 가보면 내가 쌓아둔 나이는 지혜가 아니라 미로 속의 벽이 되어 있기 때문이다. 슬픈 현실. 그런데 나이는 다이어트를 할 수 없다. 다이어트해서 벽을 무너뜨릴 수 없다면 최소한 미로 밖으로 탈출이라도 해야 한다. 여러 가지 탈출 작전을 짜기 전, 나는 먼저 차(茶)를 들이킨다. 차는 미로의 지도를 보여주는 유일한 수정 구슬이기 때문이다. 지도에는 길과 벽과 출입구가 표시되어 있다. 그래서 지도가 있어야만 작전을 짤 수 있다. 길과 벽과 출입구가 버무려져 내뿜는 그 총체적 느낌은 내가 마실 차의 종류를 결정해준다.

어떤 차를 마시건 동일한 점이 있다. 첫 잔을 마실 때는 항상 수정 구슬이 뿌옇다. 한잔 한잔 차를 더 들이킬 때마다 구슬은 점점 투명해진다. 찻물이 구슬을 헹구어 내기 때문이다. 두 잔쯤 마시면 미로의 바깥인 가장자리가 환해진다. 출구가 보이는 것이다. 다섯 잔쯤 마실라치면 배가 가득 차 올라서 그만 마시고 싶다. 진한 차를 마시는 날이면 속이 쓰리기까지 하다. 하지만 아직까지 미로의 한가운데가 보이지 않아 중간에 멈출 수가 없다. 오랫동안 참고 차를 마시다 보면, 구슬은 미로의 지도를 온전히 내어 준다. 드디어 작전을 짤 준비가 되었다. 아직 미로를 완전히 빠져 나온 것은 아니지만 마음이 한결 가벼워진다. 차는 수정 구슬을 헹구고 내 마음은 다이어트 해주었다.

HAPPINESS

= search my Memory

요즘 들어 입사 초기보다는 지인들을 많이 만나려고 노력한다. 주로 고등학교 및 대학교 친구들과 자리를 자주 갖는 편이다. 이들을 만날 때면 모임마다 빠지지 않고 등장하는 이야기 소재가 있다. 그 시절 우리의 추억이다. 좋은 기억은 추억이 되어 몇 년이 지난 지금도 생생하게 그려진다. 그러나 나쁜 기억은 세월이 지남에 따라 어느 정도 희미해져서 이제는 그 시절만큼 아프게 와닿지 않는다. 이렇게 그 시절 기억을 하나둘씩 되짚다 보면 과거 내 삶도 새록새록 다시 살아나는 것 같다. 시간은 흘렀지만, 여전히 내 옆에 머무는 느낌이다. 반면 직장 생활의 기억은 잘 나지 않는다. 더 최근에 있었던 일들인데도 말이다.

취업하고 나서 돌이켜 보니 시간이 너무 빨리 지나가는 것 같다. 하루하루 충실히 지낸 것 같은데 정신 차려 보면 오랜 시간이 지나가 있다. 사실 이십 대였을 때는 시간이 빨리 지나갔으면 했다. 불안정하고 불확실한 일상에서 벗어나고 싶었다. 취업하고 정신없이 몇 해를 보내고 보니 내 주위에 많은 것이 변해있었다. 어떤 친구는 진작 애를 낳고, 훌쩍 성장해 초등학교 입학을 앞둔 아이가 있다. 자세히 살펴보면 부모님도 내가 기억하고 있던 예전의 얼굴이 아니다. 어느새 세월의 흔적이 자리 잡았다. 주변에서 변하지 않은 것은 내가 몸 담고 있는 회사건물과 긴 시간 함께한 사무실 내 자리뿐인 것 같다.

나이가 들어감에 따라 시간이 빨리 흐른다고 느끼는 것은 비단 나만의 생각이 아닌 것으로 안다. 주위의 많은 사람이 이십 대에서 삼십 대가 되고 나서, 그리고 삼십 대에서 다시 사십 대로 진입하고 나서 시계가 더 빨리 움직인다고 토로하곤 한다. 일설에는 오랜 기간 살았을수록 같은 시간도 상대적으로 짧게 느껴지기 때문에 시간이 빨리 흐른다고 느끼는 것이라 한다. 하지만 한편으로는 다른 생각도 든다. 단조로운 일상의 반복이 시간이 빠르게 흐른다고 느끼게 하는 이유가 아닌가 싶다. 어제와 다르지 않은 오늘들이 쌓이다 보면 결국 어제와 그제의 구분이 희미해질 테고, 어느 시점에서인가 불과 며칠 전

기억이 떠오르지 않게 된다. 이런 단조로운 일상이 반복되다 보면 마치 한 것도 없는데 시간만 흐른 것 같은 허무함을 느끼지 않나 싶다.

돌이켜보면 중고교 생활 6년과 대학생활 4년 남짓한 시기에는 매해 다양한 일이 있었던 것 같다. 새로운 환경 속에 놓이고 새로운 친구들을 맞이했다. 그 시기에만 느낄 법한 고민도 많이 했었다. 세월이 지남에 따라 그때의 기억이 조금씩 퇴색되는 경우도 있지만 강렬한 기억은 여전히 지워지지 않고 선명하게 남아 있다. 요즘 들어 문득 놀라는 점은 나의 직장생활 기간이 성인이 된 이후 취업하기 전까지의 기간보다 오래됐다는 점이다. 수능을 치른 후 서울에 올라온 뒤 짧은 신입생 시절을 뒤로한 채 입대하고 다시 복학하고, 이후 취업을 준비하고 입사하기까지 6년여 시간이 흘렀는데 그 기간에 다양한 일이 있었다. 이에 비하면 직장생활 7년여 남짓 기간의 기억들은 초라하기까지 하다.

하지만 단조로웠던 회사생활 가운데도 문득 떠오르는 기억의 조각들이 있다. 매우 사소한 순간이었는데도 말이다. 요즘과 같이 더위가 지나가고 가을 기분이 물씬 나는 계절에는 가뜩이나 그렇다. 퇴근길에 시원한 저녁 바람을 맞을 때면 몇 년 전 이맘때가 떠오른다. 당시 격무에 시달려 한창 스트레스를 받고 있었는데, 그날따라 업무를 제때 마칠 수 있어서 간만에 잡은 저녁 약속에 맞춰가고 있었다. 한참 걷다 보니 맑았던 하늘이 점차 노을빛으로 변하고 있었는데, 시원한 바람까지 더해져 걷고 있다는 것만으로도 행복했었다. 사소한 것들에 감사한 순간이었다. 일할 수 있는 직장이 있고, 퇴근 후에 만날 수 있는 친구가 있고, 그리고 내 월급으로 맛있는 것을 먹을 수 있다는 생각에 행복했다.

곱씹을 수 있는 기억이 많다는 것은 그만큼 인생을 풍요롭게 해주는 것 같다. 가령 사소한 바람결조차도 과거 기억과 어우러지면 행복으로 다가오는 것처럼 말이다. 행복한 추억이 많은 사람이 진정으로 마음이 부자인 사람들이지 않나 싶다. 나는 다른 사람들이 나를 잊지 않기를 바라는 점만큼이나, 과거 나 자신이 지금 그리고 미래의 나로부터 잊혀지지 않길 바란다. 일상에 매몰되어 하루하루를 소비하다 보면 현재의 나만 존재할 뿐 과거의 내 모습은 씻겨나가는 것 같기 때문이다.

인생이라는 긴 경주에 임하다 보면 언젠가 종착지에 이를 것이다. 그때 좋은 기억이 많았으면 한다. 눈을 감았을 때 아름다운 추억들이 파노라마처럼 펼쳐지는 순간을 상상한다. 특별한 기억만이 추억이 되는 것은 아니다. 일상에서도 행복은 충만하다. 다만, 지금처럼 어제와 오늘의 구분조차 희미한 상태에서는 눈감고 느낄 수 있는 추억이 많지 않을 것 같다. 일상에 익숙해져 버렸기 때문이다. 잠깐 하던 일을 멈추고 주변을 둘러보면 평범한 나의 일상도 분명 어제와 다름을 느낄 수 있다. 일상에서도 소소한 추억이 있다. 의미를 부여하지 않고 관심을 기울이지 않다 보니 추억으로 자리 잡지 못한 채 스쳐 지나갈 뿐이다.

망중한,
忙 바쁠 망, 中 가운데 중,
閑 한가할 한

혼밥과 혼술이 트렌드가 된 지 오래다. 나 또한 최근 들어 혼술을 즐겨 한다. 혼밥은 이미 자취생활을 시작한 이후로 줄곧 해왔다. 생존을 위해 끼니를 거를 수 없었기 때문이다. 하지만 혼술을 할 여건은 없었다. 본래 술을 좋아하지도 않았기에 여럿이 만나는 모임에 나가서 목을 축이는 정도였다. 하지만 일상이 회사생활에 매몰되기 시작하자 일종의 보상심리가 생겼다. 내게 주어진 24시간 중 누군가를 위함이 아닌 온전히 나만을 위해 사용할 시간을 찾게 되었다. 그리고 그 시간에 잠시나마 위안을 받기 위한 수단으로 혼술을 곧잘 하게 됐다.

나의 혼술의 끝에는 늘 다음날 출근에 대한 압박이 도사리고 있었다. 퇴근 후 샤워를 마치고 짧은 순간 목을 축이고 나면 영락없이 깊은 잠에 빠지곤 했다. 하지만 해가 뜨고 날이 밝으면 다시 일상으로 복귀해야 했다. 그리고 다시 치열하게 하루를 보내다 보면 어느새 퇴근 시간에 가까워져 있었다. 그리고 밤이 되면 혼밥과 혼술에 조우하게 되었다. 이런 생활이 일주일에 여러 차례 반복되었다. 하지만 그 반복이 싫지 않았다. 혼자 어두운 방에서 샤워 후 마시는 맥주 한 모금이 하루 중 가장 행복한 순간인 적도 더러 있었다.

반면 일주일 중 불행했던 순간도 혼술이 함께했었다. 바로 금요일이나 토요일 밤 어쩌다 약속이 없거나 일찍 집에 왔을 때다. 습관처럼 혼술을 하게 되었는데, 다음날 출근의 압박이 없다 보니 긴장감 없이 들이붓게 되었다. 과음 후에 눈을 뜨면 다음 날 아침은 사라지고 어느덧 해는 중천에 떠 있었다. 하루를 늦게 시작하니 또다시 해는 금세 져서 저녁이 되었고, 하루를 짧게 보내는 만큼 내 삶도 줄어드는 것 같았다.

어릴 적 나는 유달리 방학이 싫었다. 갑작스레 주어진 많은 시간이 감당이 안 되었기 때문이다. 특별한 취미도 없었기에 두 달여 되는 기간이었지만, 역설적으로 할 게 없었다. 방학이 되면 개학을 기다리다가도, 개학하면 어김없이 주말에 쉬고 싶고 어서 빨리 방학이 오기를 바랐다. 지금 와서 생각해봐도 방학 때 행복했던 적이 별로 없었던 것 같다. 행복은 방학 첫날 정도까지였던 것 같고, 말미에 가서 개학을 앞두고는 밀린 방학 숙제를 하느라 고통스러웠던 기억이 떠오른다.

사람은 쉽게 변하지 않아서일까. 방학을 싫어하던 아이는 성인이 되어서도 갑작스럽게 긴 시간이 주어지면 어쩔 줄 몰랐던 것 같다. 직장인이 된 후 어쩌다 연말에 남은 연차를 몰아 쓴 적이 있다. 주위 눈치를 보다 진작 쓰지 못해서 쌓인 휴가들을 갑작스레 밀어내다 보니 연말에 휴가를 받고도 행복하지 않았다. 배부른 소리일 수 있지만, 갑작스런 휴가였다 보니 여행은 고사하고 집에 푹 박혀있곤 했다. 아마도 매일같이 늦게 자고 늦게 일어나다 휴가를 다 보냈던 것 같다.

주위에 농담 삼아 꿈이 한량이라고 부르는 친구가 있다. 베짱이처럼 한가하게 살고 싶다고 한다. 일면 인생 편하게 살고 싶은 생각 없는 친구처럼 보일지 모르겠지만, 옆에서 지켜본 바로서는 누구보다 매사에 최선을 다하고 열심히 사는 친구였다. 아무래도 매사에 에너지를 쏟다 보니 한가로움에 대한 동경이 있었던 것 같다. 본인도 베짱이는 자신에게 허용되지 않을 삶이라는 것을 잘 알고 있었을 테다. 격무를 마친 뒤 그 친구와 자주 어울리며 주말을 보내곤 했다.

우리가 주말을 기다리는 것은 주말 자체에 있어서가 아니라 주중의 끝이기 때문인 것 같다. 주말을 맞아 무엇을 하기 위함도 있겠지만, 아마도 바쁜 일상의 종료를 간절히 기다리는 것이다. 그리고 주말에 자신만의 시간을 온전히 사용하거나 재충전을 함으로써 다가오는 다음 주를 대비할 수 있다. 만약 다음 주에도 주말과 같은 삶이 계속된다면 재충전이 필요하지 않을 것이다. 도전할 수 있는 내일이 있는 가운데 그 전에 즐기는 잠깐의 여유만큼이나 행복한 순간도 없는 것 같다. 주말이 지나면 다시 주중으로 복귀해야 할 생각이 버거울 수도 있겠지만, 바로 그렇기 때문에 주말이 값진 것 같다. 마치 혼술의 의미를 주중에 찾은 것처럼.

　많은 사람이 바쁘게 살아간다. 하지만 바쁨 속에서 망중한이라는 행복의 가치는 극대화되는 것 같다. 하늘이 바쁘게 살아가는 현대인들에게 주는 일종의 보상이라고 생각한다. 이 점을 충분히 인지하지 못한다면 바쁨 속에 매몰되어 인생의 낙을 느끼지 못할 것이다. 나에게는 퇴근 후 샤워하고 마시는 혼술이 망중한이었던 것처럼, 다른 누군가에게도 자신만의 망중한을 느끼는 비법이 있기를 바란다.

PART 5

열 개의 행복이 모여
하나의 행복을
만들기까지

리더의 첫 번째 덕목,
선구적先驅的 소확행

내가 예전에 가장 싫어했던 말 중 하나가 "행복해서 웃는 게 아니라 웃으니까 행복하다"라는 말이다. 억지로라도 가식적으로 웃는 연습을 계속해서 스스로 세뇌하면 행복이라는 목표를 이룰 수 있다는 말인가? 누가 뭐래도 나는 행복할 때 자연스레 웃고 싶었다. 매일은 아니어도 상관없다. 하지만 그 순간이 그저 진정으로 의미가 있길 바랄 뿐이었다.

그래서인지 나에겐 "행복을 매일 느낄 수는 없지만 한 번의 행복이 내 삶을 의미 있게 해준다"는 말이 더 와 닿았다. 이건 지금 다섯 살인 내 딸도 좋아하는 곰돌이 푸가 가르쳐 준 교훈이었다.

하지만 언젠가부터 그 한 번의 행복이 뭔지조차 잊고 살아가기 시작했다. 우리 아이들을 보면 정말 작은 일에도 쉽게 들뜰 수 있다는 게 참으로 신기하다. 오늘만 해도 내 딸은 몇 밤만 더 자면 차로 세 시간 거리인 외가에 갈 수 있냐고 물어보며 들떠있다. 그리고 내일도 또 물어보며 한껏 설렐 것이다. 누군가 나에게 무엇이 나를 행복하게 만드냐고 물어보면 나는 한동안 답을 못할 것이다. 그래서 나는 이 글을 쓰기 위해서 정말 많은 고민을 했다.

얼마 전 수년을 다니던 대기업을 퇴사할 때 윌 스미스의 영화 제목처럼 행복을 찾아서 회사 밖으로 나가는 거라고 나름 멋있게 주변 사람들에게 얘기했었지만 스타트업을 실제로 경영하면서 나는 설렘하고는 거리가 먼 하루하루를 보냈다. 예전보다 더 많은 업무와 고민 속에서 시간적, 금전적 여유가 없이 폭풍같은 나날을 지내다 보니 직장에서 행복을 찾으려고 했던 나의 생각이 얼마나 어리석었는지 한숨이 나왔다. 하지만 거창한 행복을 찾는 것은 어렵지만 팀원들과 좀 더 일을 즐겁게 하는 방법들을 찾아가는 과정이 나를 아주 가끔씩이라도 미소짓게 만들었다. 그것이 비록 남들에겐 하찮게 보이는 작은 것이라 할지라도.

예로 내가 새 회사에 와서 제일 먼저 한 일은 우습게도 업무와 아무 상관 없는 일이었다. 첫날 출근해 보니 임직원 휴게소에 배치되어 있는 자동판매기에서 단돈 200원에 팔고 있는 음료들이 매진되어 있었다. 얘기를 들어보니 임직원들이 하도 자주 가져가서 채워놓기가 무섭게 소진되는 바람에 한동안 채우지 않고 있다는 것이었다. 그 얘기를 듣고선 다음 날부터 꼬박꼬박 채워놓도록 했다. 임직원들은 넉넉히 채워진 음료수들을 반가워하며 하나둘씩 챙겨갔고 우리는 또다시 채웠고 그다음 날도 계속 채우다 보니 여전처럼 여러 개씩 뽑아가는 일이 생기지 않았다. 예전에는 마시고 싶어도 매진이 돼서 못 마시던 음료들이 항상 있으니 팀원들은 행복까지는 아니지만 작은 기쁨을 느꼈을 것이다. 그리고 그저 내가 그들에게 해줄 수 있는 일들을 찾아서 해결해 주면서 나도 덩달아 즐거워졌다. 아무리 작더라도 임직원들이 점차 변화해 나가는 모습과 무엇보다 임직원들에 대한 작은 신뢰가 새롭게 생겼던 것이다.

새로운 직장에서 나에게 주어진 가장 큰 미션은 그동안 진행되어 온 톱다운 경영방식에서 벗어나라는 것이다. 한 사람이 와서 오랜 시간 동안 유지해온 그룹 문화를 단기간에 바꾸는 것은 결코 쉬운 일이 아니다. 하지만 회사 내의 여러 문제를 해결하기 위해 가장 먼저 필요한 것이 문화개선이라는 것은 부정할 수 없었다. 그래서 우선 팀 내에서 영향력을 가진 간부들부터 신경 쓰기 시작했다.

주간간담회는 간부들이 가장 두려워하는 회의 중 하나였다. 대표

님에게 현황 및 계획을 보고하고 승인 또는 질타를 받는 자리였기 때문에 다들 긴장할 수밖에 없었을 것이다. 나는 이런 분위기를 조금이라도 개선하고자 몇 가지를 시도했다. 우선 경영자에게 보고하는 식이 아닌 다른 팀원들과 교류하는 자리를 만들고 싶어서 보고식이 아닌 공유식으로 어젠다를 바꿨다. 이거 하나로 바꿀 수 있다고 믿었다면 너무 무리한 기대일 것이다. 어젠다를 변경하는 것만으로 분위기를 바꾸기에는 역부족이었다.

그러다 하루는 암을 유발할 정도로 개발자들에게 무리하게 함부로 요구하는 경영진의 모습을 풍자한 영상을 개발팀에서 나에게 공유했길래 주간회의 중 다른 팀의 간부들과 함께 시청했다. 보통 긴장감만 흐르던 간담회에서 팀원들의 웃음소리가 새어 나오기 시작했다. 문화를 개선했다기에 작은 사건이었지만, 그 후로는 재미있거나 유익한 내용을 함께 공유하며 간부들끼리 좀 더 자유롭게 소통하는 자리를 만들어 주는 것에 나는 만족할 수 있었다.

또 하나의 큰 문제점은 팀 간의 불통이었다. 이 문제는 특히 심각했는데 내부적으로 발생하는 문제들 대부분은 서로 소통만 제대로 했으면 충분히 방지할 수 있는 일들이었다. 팀원들끼리 서로 어느 정도 이해는 했지만 공감대를 이루지 못하다 보니 결과물에서 문제가 생겼던 것이다.

저물어가던 공룡회사 마이크로소프트사를 다시 일으켜 세운 사티

아 나델라Satya Narayana Nadella 는 내부혁신을 하려면 공감력이 매우 중요하다고 했다. 우리 회사는 직급을 없앴지만, 여전히 수평적인 소통은 부족했다. 그래서 매주 목요일 점심때마다 피자 두 판을 주문한 후 직급과 상관없이 무작위로 추첨해서 함께 식사하며 얘기를 나눴다. 하지만 직원들이 나와 처음 함께하는 식사는 너무나도 고요했고, 소화가 안 될 정도로 불편해하는 듯했다.

그래서 따로 개인적인 생각들을 물어보는 질문지를 만들어서 아이스브레이킹을 시도하였다. 예로 지금 본인이 어떤 사람이라도 될 수 있다면 누가 되고 싶으냐, 본인에게 완벽한 하루랑 어떤 것이냐 같은 질문이었다. 처음에는 서로 이름도 모르던 팀원들이 쑥스러워하며 답변을 하다 보니 우리가 전혀 몰랐던 팀원의 관심분야와 속 깊은 생각들도 알게 되었고 서로 공감할 수 있는 시간을 가질 수 있었다. 처음으로 웃음소리가 흘러 나오기 시작했고, 그 후에는 해피아워 및 사내 동호회를 통해서 좀 더 팀원들이 자주 캐주얼하게 만나는 자리들을 도모하며 팀 내부적 소통을 강화할 수 있었다. 그리고 회사 내부 방침 열 가지 중 하나가 "출퇴근 시에 상사에게 인사하러 오지 말라"가 있다. 수평적 조직에서 자유출근제도가 실제로 잘 정착된 회사로 인식되고 싶어서 상사의 눈치를 보지 말고 출퇴근하라는 의미였다.

이런 것들과 연관성이 얼마나 있는지는 모르지만, 최근에는 내가 찾은 고객의 문제를 다른 부서의 실무진들끼리 이미 감지하고 소통한 후 해결하고 게다가 개선방안까지 미리 준비하는 모습을 보여줬다. 이 회사에 온 지 11개월 만에 처음 목격한 변화였다. 보통 어떠한 문제가 발생하면 우선 본인의 책임이 아니라며 다른 팀에게 떠넘기려던 사내 분위기가 고객들의 문제해결을 위해서는 서로 뭉쳐서 협업하는 모습으로 조금씩 변화하는 느낌을 받았다.

이런 시도들로 인해서 팀 문화가 조금씩이라도 변화하는 것을 느낄 때 뿌듯하긴 하지만, 이런 일은 자주 일어나지 않고 나는 매일 이렇게 기쁘진 않다. 오히려 안사람은 내가 화가 가득 찬 사람이라고 말한다. 픽사의 애니메이션 인사이드 아웃 캐릭터 "분노"처럼 언제든 화를 버럭 낼 수 있는 사람이라며 놀린다. 반박하기 힘들다. 아마도 다른 사람들이 최선을 다하지 못하는 모습뿐만 아니라 항상 그러지 못한 나 스스로 화가 나는 듯하다.

경영자는 누군가로부터 '감사하다' 또는 '수고했다'는 말을 듣는 자리가 아니다. 영어로 표현하면 thankless job인 것이다. 수년 전에 본 시크릿가든에서 백화점 사장으로 나온 현빈이 간부와 회의하다 나온 유명한 대사가 있다. "이게 최선입니까?" 당시엔 그 말이 왠지 멋있어 보였는데 막상 내가 회사를 실제로 운영해 보니 그렇지 않았다. 다만 현빈 자체가 멋있었을 뿐이었다. 아쉽지만 나는 현빈이 아니다. 내가 만일 이렇게 팀원들을 대하면 과연 팀원들이 어떻게 반응했을까? 아마도 팀원들이 뒤돌아서면 꼰대라며 비웃었을 것이다. 특히 이따위로 상대방에게만 최선을 다하라고 얘기만 하는 리더가 있는 회사에서 어느 누가 진정으로 매번 최선을 다하고 싶을까? 누구보다도 최선을 다해야 하는 사람은 바로 나다. 그리고 최선을 다하는 것만으로는 부족하고 항상 최고의 성과 및 결과를 내는 게 기본이다. 다른 사람들도 대부분 이처럼 기대한다고 항상 느꼈다.

하지만 이렇게 스스로에 대한 높은 기대치를 가지는 것 자체가 나를 짓눌렀다. 나는 웃음기를 잃었고 심지어 회의 중에 팀원에게 의도하지 않았지만 공격적으로 말해서 상처를 주기도 했다. 머리는 이미 벌어진 일에 대해 너무 자책하지 말라고 얘기하지만, 마음속으론 여전히 나 자신을 괴롭히고 있었다. 그렇게 하지 않기 위해서는 내가 항상 완벽할 수 없다는 것 자체를 우선 인정해야 한다.

다른 사람들에 대한 기대치뿐만 아니라 이렇게 화도 버럭 내고 가끔씩은 실수를 범하는 나에 대한 기대치도 우선 낮춰야 한다는 점을 인정하는 데 오랜 시간이 걸렸다. 그저 나의 이런 모자란 모습조차도 있는 그대로 받아주고, 가끔 나 자신에게 수고했다며 인정하고 싶다. 그리고 팀원들이 즐겁게 일하길 바란다면 우선 나부터 좀 더 즐겁게 일할 수는 있는 방법을 찾는 것이 선행되는 게 맞다. 이렇게 새로운 직장은 나에게 새로운 가르침을 줬다. 예전에 내가 했던 생각은 틀렸다. 행복에 대한 기대치를 낮추고 정말 내가 웃으니까 행복하다. 그리고 곰돌이 푸가 얘기한 것처럼 매일 행복할 순 없지만 앞으로도 나는 언제 도달할지 모를 꼭대기에 달려있는 큰 행복보다 아래쪽에 주렁주렁 달려있는 작고도 하찮은 행복들을 좀 더 자주 따러 다닐 것이다.

예술은 모르지만
상빼는 좋습니다

나는 예술에 대해 아는 바가 거의 없다. 미국에서 문과대학을 다닌 바람에 물리학 전공이었음에도 최소 2년간 인문학을 수료해야 했다. 그래서 어쩔 수 없이 들었던 서양미술사를 빼곤 특별히 공부하거나 관심을 가진 적은 한 번도 없다. 그러다 보니 예전에 가끔 지인의 초대를 받아서 갔던 갤러리 전시회에서 데이먼 허스트Damien Hirst 나 제프 쿤스Jeff Koons 같은 현대미술 거장들의 작품들을 봐도 잘 이해하지 못하고 아트 컨설턴트의 설명에 그저 고개만 끄덕이다 오곤 했다.

오히려 내 수준에 더 잘 맞는 장르는 만화였다. 그중에서도 내가 어렸을 때부터 애독했던 꼬마 니콜라 및 수많은 New Yorker 잡지 커버를 그렸던 장 자크 상뻬 Jean Jacques Sempe 가 개인적으로 더 만나고 싶고 애정이 가는 작가다.

그는 "기쁨에 대해 모르고선 인생을 살아갈 수 없다"라고 얘기했다. 그래서인지 사생아로 태어나 가난하고 불우한 가정에서 자랐는데도 그의 그림에는 유머가 담겨있다. 하지만 나는 유머보다 그의 휴머니즘을 더 사랑한다. 개인적으로 가장 좋아하는 그의 작품들은 뉴요커나 파리지앵을 그린 그림들이다. 홀로 벤치에 앉아서 샌드위치를 베어 먹고 있는, 왠지 고독한 모습이 대표적이다. 중요한 점은 그렇다고 그의 그림이 슬프지 않고 애틋하며 나를 미소짓게 만드는 무언가 항상 존재한다는 것이다. 아마도 그 이유는 전에 그의 인터뷰에서 발견할 수 있지 않을까. 그는 다른 작가의 말을 인용하며 감탄했는데, "인간은 위로가 불가능하나 즐거운 동물"이라는 것이다. 아무래도 그의 시선에서 본 세상을 가능한 한 즐겁게 표현하고 싶어서일 것이다. 그리고 어쩌면 힘들게 살아가는 현실보다는 좀 더 즐거운 모습들로 기억하기 위해서인지도 모른다. 그것이 본인을 진정으로 위로하지는 못할지라도.

그의 작품들은 언뜻 보면 가벼운 만화처럼 보이지만 그 안에 있는 캐릭터들이 들려주는 스토리들을 그만의 유머로 풀어서 묘사하는 천재성에 감탄한다. 무엇보다 그가 그린 인물들은 하나같이 사랑스럽다. 특히 뉴욕에서 내가 유학할 때, 거칠고 무례하다는 편견을 가지고 있던 뉴요커들을 실제로 보고 있으면 상빼가 묘사한 것처럼, 외롭지만 유머가 있는 캐릭터들이 마치 그림에서 현실로 걸어 나온 듯한 느낌을 받아 왠지 친근하게 느낄 정도였다. 이처럼 그의 작품들은 내가 보는 세상을 다르게 보게 했다.

이토록 그의 그림을 좋아했던 터라 좀 더 곁에 두고 간직하고 싶어서 온라인을 뒤지던 나는 거의 20년 전, 이베이에 올라온 그의 판화를 발견하고 너무 기뻤다. 아무도 경매에 참여하지 않고 있길래 액자 없이 판화만 파는 조건으로 혹시 가격을 좀 더 내려줄 수 있을까 해서 메일을 보냈더니 애리조나주에 거주하는 한 여성분에게서 답이 왔다. 전 남자친구와 헤어지고 주고 간 짐 정리를 하는 중이며 빨리 처분하고 싶다며 필요 이상으로 긴 답변을 주었다. 그런데도 나한테 한 푼도 안 깎아줬던 것으로 기억한다. 그리고 나중에 파리에 방문했을 때 갤러리에서 직접 가격을 비교해 보니 내가 바가지를 썼던 게 확실했지만 그땐 가격이 중요하지 않았다. 무엇보다 이분이 상빼에 대한 애정이 없다는 사실 때문에 내가 어서 모셔와야겠다는 의지가 생겼다. 내 생애 처음으로 의식주 같은 필수품 외에 구매한 일종의 사치품이었다.

그런데 받고 나서 알아보니 미국에선 액자 만드는 가격이 매우 비싸고, 무엇보다 예쁘지 않아서 좀 더 저렴하고 예쁘게 만들 수 있는 한국까지 굳이 가져왔다. 하지만 결혼하고 미국으로 돌아갈 때 한국에 계신 가족들과 인사를 나누느라 얼마나 정신이 없던지 인천공항 공중전화박스 옆에 놓고 와서 안타깝게도 잃어버렸다. 미국에 도착하고 나서 공항관계자와도 연락했지만 분실물센터에 접수되지 않았다고 해서 포기할 수밖에 없었다. 먼 곳까지 들고 와서 애지중지 여기며 액자를 겨우 완성해서 내 방에 걸어놓고 뿌듯한 마음을 만끽하려던 나의 바람은 물거품이 되었다.

그래서 한동안은 그가 예전에 출간했던 도서들과 뉴요커 잡지 커버들을 모으며 아쉬움을 달랬다. 심지어 상뻬가 새로운 작품집들을 출판했을 때 그의 출판사에 팬레터를 보냈는데, 프랑스 출신 동기에게 번역을 부탁하고, 우편비용까지 동봉해서 그분의 사인을 받고 싶다고 했으나 답장은 없었다. 아쉽기는 했지만 상뻬 이야기는 거기서 끝이 아니었다. 그 해에 안사람과 파리에 처음 방문했을 때 우연히 시청에서 무료로 꼬마 니꼴라 전시회를 여는 것을 발견하고 그곳을 찾았다. 길찾기 앱이 전무하던 시절에 지도 한 장에 의존해서 겨우 찾아가서 만났던 그의 삽화 원본들이 아직도 기억에 생생하다. 정말이지 너무도 반가운 그림들이었다.

상뻬 작품과의 인연은 여기서 끊기지 않고 우연히 뉴욕에 있는 갤러리에서 상뻬의 판화를 급하게 처분하고 있는 걸 발견하고 단돈 200불에 그의 작품을 손에 넣을 수 있었다. 그때는 대학원생 신분이라 돈이 없어서 여전히 액자 만드는 것은 보류하고 있다가 한국에 돌아왔을 때 포스터 디자인을 하는 친구에게 부탁해서 예쁘게 액자에 넣을 수 있었다.

음악가가 되고 싶었던 상뻬는 음악을 연주하는 모습을 담은 작품을 많이 그렸다. 내가 소장하고 있는 이 판화도 한 중년의 여자분이 커버를 씌운 테이블들과 샹들리에 사이에 있는 그랜드 피아노를 혼자서 연주하는 모습을 그린 판화다.

가끔 힘이 들 때면 짧게라도 그 판화를 바라보며 스스로 위로하는 시간을 가진다. 돈으론 행복을 살 수 없고 행복한 사람은 쇼핑을 하지 않는다지만 나는 이런 작품들이 주는 영감과 그 작가와의 친밀감은 다른 어떤 것으로도 대체하기 힘들다고 믿는다. 그리고 한편으론 이 판화가 나에게 오게 된 경로들을 생각하면 왠지 더 소중하고 뿌듯하게 느껴진다. 무엇보다도 이제는 우리 아이들도 이 그림을 보면 예쁘다며 좋아한다. 내가 좋아하는 작품을 사랑하는 사람들과 함께 관람하며 공유하는 이 순간이 너무도 소중하고 감사할 뿐이다.

지극히 개인주의적 소확행 • 김미려

　　Teabox 에 온갖 teabag을 종류별로 정리해두었다. Teabox 의 뚜껑이 열리는 순간, 여기저기 아우성이다. 오늘은 자기를 뽑아 달라며 예쁜 그림과 글자로 유세전을 펼친다. 이럴 때마다 Teabox의 주인은 정말 난감하다. 열 손가락 깨물어서 안 아픈 손가락이 어디 있냐고. 다들 그녀가 좋아하는 tea이니까 Teabox에 모셔둔 건데도. 다들 이렇게 자기를 좀 뽑아달라고 경쟁한다. 고민을 한 움큼 쥔 채 그녀의 손가락이 Teabox의 왼쪽에서 오른쪽으로 왔다 갔다 한다. 다들 표정이 매 순간 바뀐다.

　　그녀가 큰 결심을 한다. 모두를 한결같이 사랑하기에, 결국 오늘 마실 tea는 주사위를 던져서 뽑겠다고 이야기한다. 좀 잠잠해진다. 주사위와 보드판을 가지고 나오는 순간부터 Teabox의 안쪽은 다시 긴장하고야 만다. 그녀는 주사위 두 알을 주먹에 쥔다. 그 누구도 오늘 그녀가 어떤 차를 마시게 될지 아직 모른다. 그녀 자신마저도 모른다. 공중에 떠 있던 주사위가 바닥에 닿는 1초도 되지 않을 그 짧은 찰나. 눈 깜짝할 사이에 그녀는 짜릿한 설렘을 맛본다. '오늘 과연 무슨 차를 마시게 되는 거지?' 어쩌면 그녀는 Tea 자체가 주는 기쁨보다 이 티타임의 에피타이저를 더 사랑하는지도 모른다.

1호선 전철, NPR,
만원버스 그리고 **일기**

　한마디로 정말 거지 같다. 시내를 F1 경기장처럼 달리는 버스와 꽉 찬 1호선 전철은 마치 지난 추석 때 속을 너무 많이 넣어 옆구리가 터질 듯한 만두처럼 여유를 찾기란 꿈도 꿀 수 없었다. 나만 그런 게 아니었는지 좁은 전철 안에는 승객들끼리 시비도 자주 붙었다. 출퇴근 시간은 그야말로 전쟁이었다. '어서 이사를 해야지' 하는 생각만 들었다. 하지만 아직도 전세계약 기간은 일 년 가까이 남아있었고 여러모로 중도해지는 현재 상황에선 옵션이 아니었다.

　어렸을 때 아버지가 주 6일 왕복 2시간 반 이상을 운전하며 출퇴근하는 모습을 보고 자라면서 그 시간이 지나친 낭비라고 생각했다. 아버지는 늘 시간에 쫓겨 사셨는데, 그런 모습이 한심하고 답답해서 나는 그렇게 살지 않으리라 다짐했다. 그래서 우선 세운 나의 목표는 최대 30분 이내 거리에서 출퇴근하는 것이었다. 작은 목표 같지만 이를 실현하기 위해선 예상했던 것보다 꽤 큰 노력이 필요했다. 왜냐하면 내가 거주하면서 근무하고 싶은 장소는 도시 근처였고 그런 곳에 있는 업체들의 입사조건이란 꽤 까다롭기 때문이다. 그걸 맞춰주려면 고등교육을 받고 경력을 쌓으며 차곡차곡 준비해야 했고, 게다가 그런 지역의 주거비는 꽤 많이 든다. 작년까지만 해도 나는 나와의 약속을 그럭저럭 잘 지켜왔다고 생각했다.

하지만 약속도 그 나름의 크기가 다른가 보다. 왜냐하면 수년 전 아버님이 돌아가셨을 때 스스로 다짐한 또 다른 약속을 더 이상 지체할 수 없었다. 오래 미뤄왔기 때문이다. 그건 내가 될 수 있는 최고의 버전이 되기 위해서 스스로 껍데기를 깨고 나오는 것이었다. 예전에 헨리 포드가 그랬다. "실수하지 않은 사람들은 실수한 사람들을 위해서 일한다"라고.

내가 일하던 대기업들은 그저 실패가 두려웠던 나를 보호해 줄 것 같은 착각을 주는 유리집과 같았다. 그러나 한 번이라도 실패한 적이 없다면 나의 한계를 충분히 테스트하지 않은 것이란 걸 깨닫고 더 늦기 전에 내게 좀 더 의미 있는 경험을 하기 위해 스타트업에 뛰어들게 되었다. 하지만 내가 선택한 직장은 내가 살고 있는 곳에서 30킬로미터가 넘는 거리에 있었고 나는 그 먼 거리를 출퇴근해야만 했다.

　내가 선택한 길이었으니 한동안 인고의 시간을 견뎠다. 그러다 보니 사람이 좀 덜 붐비는 시간대를 찾아냈고 이제는 출근 시에는 한동안 잊고 있었던 NPR National Public Radio 방송을 듣고 퇴근 시에는 안사람이 그날 보내 준 아이들의 사진을 우리 회사에서 제공하는 일기장 앱에 써서 기록하고 그것들을 차곡차곡 모아서 한 달에 한 권씩 일기장을 만들었다. 그 외의 시간에는 한동안 하지 않았던 명상을 했다. 그러다 보니 하루에 3개 이상의 NPR 팟캐스트를 들었고, 중학교 이후에 쓰지 않았던 일기를 거의 매일 쓰며, 최소 한 번씩 명상을 하게 되었다.

　회사를 운영하면서 맞닥뜨리는 문제들에 대해서 누군가에게 의논하기란 쉽지 않은 일이다. 자존심이 허락하지 않는 것도 있지만, 어느 누구도 이 문제를 공감하고 함께 풀어내기 힘들 거라는 가정 때문이었다. 하지만 NPR의 "How I built this" 같은 팟캐스트를 들다 보면 이미 오래전에 나와 흡사한 고민을 했던 스타트업 CEO들과 나누는 인터뷰를 통해 경험담과 인사이트를 얻게 된다. 문제 해결점을 찾아가는 과정에서 얻는 지식도 있지만 이분들도 경영하면서 겪었던 어려움을 솔직하게 얘기할 때 동병상련의 위안을 얻는 것이 나에겐 더 큰 의미가 있었다. '지금은 거대 기업의 CEO이지만 이들 또한 내가 현재 겪고 있는 어려움을 이미 경험했구나'라며. 이 프로그램 외에도 "Hidden Brain" 같은 심리학 관련 팟캐스트도 나 자신을 이해하고 다른 사람들을 이해하는 데 큰 도움이 되었다. 내가 이해하지 못했던 나 자신의 모습과 함께 근무하는 사람들의 심리도 좀 더 이해할 수 있었다.

이렇게 시간 낭비라고만 가정했던 길고 긴 출퇴근 시간이 오히려 나에게 팟캐스트를 통해 지적으로, 일기장과 명상을 통해 정적으로 재충전되는 소중한 시간이 된 것이다. 손잡이도 못 잡을 만큼 만원인 전철 안에서도 눈을 감고 명상을 하면 머리는 가벼워지고 마음은 평온해졌다. 왜냐하면 이제는 지옥 같은 출퇴근 시간 또한 나에게 소중한 시간이 되었기 때문이다.

매일 고된 업무와 사람들과의 관계 사이에서 치이고 나니 늦은 오후쯤 되면 나의 에너지는 거의 고갈된다. 하지만 집으로 돌아오는 길에 일기장에 쓸 내용을 생각하다 보면, 다시 하루를 뒤돌아보며 생각보단 괜찮은 하루였다며 오히려 감사하게 된다. 그리고 매일 받는 가족사진을 하나씩 정리하며 기술의 발전 및 사랑하는 사람들이 곁에 있다는 사실에 새삼스레 고마움을 느낀다.

예전에 아버지가 외화벌이를 위해서 해양선원으로 근무하실 때 한

번 출근하시면 다음 해에 돌아오시곤 했던 기억이 난다. 해외에 계실 때 유일하게 연락할 방법은 편지와 녹음을 해서 동봉한 카세트테이프 정도였다. 지금 생각하면 말도 안 되지만 내가 편지를 써서 아버지로부터 답변을 받을 때면 석 달 정도가 훌쩍 지나간 후였다. 그걸 생각하면 매일 우리 가족을 직접 만날 수 있고, 그 외에도 가족의 소식을 실시간으로 공유할 수 있다는 것은 정말 감사할 일이다. 한동안 잘 의식하지 못하고 충분히 인지하지 못했던 부분이다. 내가 현실에 몰두하지 못하고 좀비처럼 생활했다는 걸 깨닫게 되었다. 감사하는 마음도 뭔가를 배우는 기쁨도 무시한 채 살아왔던 것이다.

　이제 며칠 후면 회사 근방으로 이사 갈 예정이다. 한편으론 속이 시원하고 또 한편으론 길게만 느껴졌던 출퇴근 시간이 오히려 그리워질 것 같아 아쉽기도 하다. 하지만 나는 이 상황 또한 즐겨보고자 한다. 주어진 상황에 적응하며 유익과 감사거리를 찾으며 즐긴다면 행복한 인생이 될 것이다.

PART 6

당신의 행복이
나의 행복이
되는 순간

누군가의 **심장을 뛰게** 할 때,
비로소 **심장**이 **뛴다**

언젠가부터 막연하게 책을 쓰고 싶었다. 내게 일어난 일련의 사건 사고들을 메모로 적곤 했는데, 어느 날 문득 메모가 생각나 다시 읽어 보니, 나의 감정의 성장곡선이 어느 정도 선명하게 보이기 시작했다.

처음 그 메모 속에는 행복해서 쓴 감정보다는 속상해서 쓴 글들이 더 많았다. 내 감정을 주체할 수 없을 때, 무기력함을 극복하고 싶을 때마다 한 자 한 자 적다 보니 '이런 일들이 과연 나한테만 일어났을까?' 하는 의문이 들었다. 나한테만 괴롭고 힘든 일들이 계속된다고 생각하니 더 괴로웠고, 내 주변 환경을 탓하고만 있었다. 그러다 '세바시'라는 15분의 기적 같은 동영상을 보다가 나보다 더 힘든 과정을 지혜롭게 이겨나가는 사람들의 이야기를 들으면서 내가 겪은 상처와 고뇌는 아주 작게 긁힌 수준이라는 걸 느끼게 되었다. 그 후 이 정도는 누구에게나 일어나는 일이라는 공감대가 내 안에 형성되었고, 그 이전에 겪었던 속상한 일들이 조금 가볍게 별것 아닌 일처럼 감정의 마무리를 짓게 되었다.

그리고 생각해보니, '내가 작지만 소소하게 느꼈던 행복도 누군가와 나누면, 슬픔이 반이 되듯이 기쁨은 배가 될 수 있겠구나', '나 한 사람의 작은 행복이 여러 사람과 공감하게 된다면 나 자신이 행복 바이러스가 될 수 있다'는 사실을 느꼈다.

오늘은 오래된 직장동료들을 만났다. 예전 같으면 지금 시점에서 직접적으로 관련 없는 만남이라고 생각하고, 잡담 비슷한 대화를 나누기 위해 시간을 할애하지 않았을 텐데 친정아버지가 갑자기 돌아가신 후로 달라졌다. 먼 길까지 와준 고마움을 표현하고 싶기도 하고, 우리 나이 50을 바라보는 시점에서의 부모님의 안부는 중요한 인사가 된 듯해서 급작스럽게 만나게 되었다. 이전엔 항상 나 중심에서 이루어지는 일만을 생각해 오며 일 중심적으로 만남을 약속했고, 일의 긴박함을 핑계로 소소한 행복을 나누려는 마음조차 잃어버리고 산 시간들이 대부분이었는데, 어느새 내 마음에 퀘스천마크가 자꾸만 떠오르게 되었다.

일산드림센터, 내게는 생소하고 낯설게 느껴진다. 나의 20대와 30대 초반을 보낸 청춘의 동료와 선배들이 있는 곳이다. 지금은 방송국에 출입할 때 무척 복잡하고 번거로운 일들을 많이 거쳐야 하지만, 급작스러운 만남을 위해 감내할 용기가 생겼다.

'그냥' 보고 싶었다. 강남에서 일산까지는 꽤 먼 거리여서 한 번 오기가 힘들었는데, 사업상 만나야 하는 분을 뵙고 나서 드는 생각이 여기까지 왔는데 15분밖에 없는 시간을 변경해서라도 '그냥'이란 걸 해봤다. '그냥'이란 걸 해보니, 참 소소한 행복감을 가져다주었다. 어릴 적 기억을 소환하면서 예전의 내가 어떤 사람이었다는 것도 더 잘 알게 되는 시간이었다.

예전의 나는 지금보다 더 똑 부러지려고 노력했고, 그런 마음가짐으로부터 나온 행동들은 앞만을 바라보게 했고, 일에 대한 성취 욕구를 더욱 강화하였다. 그래서 다른 사람의 생각과 행동이 내게는 크게 신경 쓰이는 일이 아니었나 보다. 그래서 일에만 집중하다 보니, 주변에 나로 인해 괴로움을 겪는 사람들이 생길 수 있다는 것을 인지하지 못했다. 그야말로 나 중심이었다.

우습지만, 나의 기억력은 내가 기억하고 싶은 일들만 축적하는 뇌 구조를 가진 게 아닌지, 예전의 추억들을 소소하게 얘기하는 데 참 많은 부분을 잃어버리고 사는 것 같았다. 내 주변을 돌아보면서 주위를 살피는 일들을 잘하지 못했다. 성격이 세심하지 않아서, 두루두루 친하게 잘 지내는 것 같았지만, 깊숙이 들어가 살펴보면, 속내를 터놓고 바로 어제 만난 사람처럼 편히 지낼 수 있는 동료가 있다는 것만으로 나의 청춘을 위로했다.

이렇게 앞만 보고 살아서인지, 동료 중에는 나름 성공했다고 보는 이들이 많이 있었다. 하지만, 난 늘 더 높은 곳을 향해가고 싶었고, 그래서 늘 쉬지 않고, 달려만 왔다. 때론 숨도 턱까지 차오르고, 어쩔 땐 이 상황에서 모든 걸 내려놓고 도망치고 싶을 때도 있었다. 다만, 그렇게 하지 않았을 뿐이다. 당장 힘든 상황을 이겨낸다면, 내 꿈을 이룰 수 있다는 희망으로, 희망을 현실로 만들고 싶었던 욕구가 더 강했기에, 그 일념 하나로 지나온 것 같다.

2017년 7월 7일 내 꿈이었던 '콜라보엑스'라는 미용실을 오픈하고 나서 인생의 터닝포인트를 찍었다. 상상하지 못할 정도의 일들이 겹겹이 일어나면서 그 일련의 사건을 처리하는 과정에서, 나의 인생 전반에 대해 성찰하는 계기를 갖게 되었다. 여태껏 내가 원하는 대로 바라던 소망을 이루었는데, 시간차에 간격만 있었을 뿐 다 이룬 듯하다. 다만, 대학교를 내 뜻대로 못 간 것을 제외하면 그렇다. 부모님의 반대가 심했지만, 내가 좋아하는 미용 일을 하며 이 자리에 오기까지, 돌부리를 걷어내며 다 일구어냈던 터라 겁도 없었다. 그러나 할 수 있다는 자신감 하나로 버텼던 오만하고 경솔했던 나의 실체가 다 드러났다.

내가 바라고 꿈꿔왔던 오너는 이런 형태가 아니었는데, 나만 이런 고초를 겪는다는 사실이 처음에는 견디기 힘들었다. 내게 왜 이런 일들이 일어났을까, 고민하고 고민하다 보니, 나에 대해 성찰을 하면서부터 예전에 나를 이곳까지 이끌어 주신 원장님께 제일 먼저 달려갔다. 무작정 찾아가서 내가 느낀 감정들을 다 토해내고 싶었다. 나 때문에 얼마나 힘드셨는지….

내가 직원으로 일했을 때 난 막무가내였다. 겉으로는 이타적인 마음으로 공공의 적을 표방했다지만, 진정 나만을 위한 위선이었단 생각이 든다. 지금에서야 깨닫게 된다. 이 역시 성장의 한 과정이었다고 생각하니, 내 후배들에게 부끄러운 삶의 단면을 전하면서 이런 실수는 하지 말라고 당부하고 싶다.

예전의 나는 나이 드신 어른들이 하시는 말씀을 다 잔소리처럼 듣고, 말씀의 참뜻을 이해하지 못해서, 잔소리를 듣는 그 시간이 빨리가기만을 바랬다. 열정으로 똘똘 뭉쳐있고, 앞뒤 안 가리면서 일을 마주했을 당시에는 내가 하는 일들은 모두 정답이고, 내 의견과 맞지 않은 상황은 다 거짓으로 받아들이면서, 흑백논리로 사람들을 판단했었다. 그래서인지, 내게 쓴소리로 충고를 해주는 사람은 내 편이 아니고, 내게 달달한 얘기를 해주는 사람들이 내 사람이란 편협적인 사고가 지배했을 당시의 나는 매우 공격적이고, 가까운 사람들에게 상처를 많이 주었다.

특히 가족에게 상처를 많이 주는 경우가 많았다. mbc를 나와서, 청담미용실 생활은 좌충우돌기였다. 제2의 새로운 직업을 갖는만큼 겪어야 할 내적고통이 많았다. 실제적인 업무가 달랐기에, 그 과정에서, 오는 스트레스를 가족한테 많이 풀었던 것이다. 내가 원해서 다시 새로운 도약을 하려고 나선 현장은 그리 녹록지 않았다.

지금의 이 자리에 나를 서게 하신 유혜진 원장님은 그래서 더더욱 특별한 사람이다. 은행에서 대기표를 받으면서, 자기 순번을 기다리는 광경을 미용실에서 우리 원장님이 재현하고 계신게 아닌가! 실로 놀라우면서도 감탄스럽고, 나도 저렇게 되고 싶다는 부러움은 나를 자극시켰다. 얼마나 실력이 좋으면 내가 원하는 디자이너를 찾아서, 줄을 서고 기다릴까? 원장님의 손길을 받고 싶어하는 사람이 저렇게 많다면 과연 우리 원장님은 얼마나 노력했기에 저 경지에 올랐는지 궁금해지기 시작했다. 그 사람을 닮고 싶었다. 그래서 늘 선망의 눈길로 그분을 따라다녔다.

일하실 때 뿜어져 나온는 카리스마는 아직도 눈에 선하다. 아주 사소한 것까지도 닮고 싶어서, 먼저 카피를 하기 시작했다. 고객을 대하는 모습, 사람에 대한 마음 씀씀이, 늘 한결같은 일에 대한 열정, 겸손함, 그러나 겸손함까지는 제대로 카피하지 못했다.

내가 바라보는 원장님은 고객을 맞주하는 순간부터 고객에 담긴 사랑이 전달되었기에 많은 사람이 그분의 손길을 원했고 오랜 단골을 넘어선, 사람과 사람 간의 믿음을 쌓아올린 덕에 지금의 자리에 있지 않았을까 생각해본다.

나도 그런 사람이 되고자, 정성껏 마음으로 고객을 대하다 보니, 가족 같은 지인으로 인연이 되었다. 소위 사람들이 집안에 의사 법조계사람이 있어야 한다는 말이 무슨 말인지 실감하게 되는 사건이 있었다. 친정아버지가 갑작스럽게 병이 재발하셔서 뇌수술을 하셨는데 1차 수술이 잘못되어서 생사를 오가는 지경에 고객님이 자신의 식구의 일처럼 도와주셔서 큰 대학병원에서 의사를 변경하는 일은 대단히 어려운 일임에도 불구하고, 수술집도의를 바꾸어서 재수술할수 있게 도와주셨다. 그 결과 다시 가족과 함께 4년이 넘도록 함께할 수 있었다.

이 직업은 내가 접하기힘든 직업군을 만나기도 하고, 대기업 총수도 만나고, 갑부도 졸부도, 큐레이터, 운동선수, 연예인 등 다양한 사람을 만날 수 있는 장이 아닐까 싶다. 내가 어떻게 하느냐에 따라서 내 인생의 나침반을 잘 조절할 수 있다 생각하니, 나도 다른 사람에게 좋은 영향력을 미칠수 있는 사회의 일원이 되기 위해 과연 무엇을 해야 하나 하는 고민을 늘 하게 된다.

내가 좋아서 미쳐서 한 미용일이 나를 가슴 뛰게 만들었지만 어떨

땐 너무나 고단한 일로 느껴져서, 감정을 추체하지 못하고, 지금 하고 있는 일이 나를 행복하게 하는 건지, 반문하게 한다. 특히나 감정적 소모가 많은 서비스업종이다 보니, 감정노동으로 인해, 일한다는 자체가 내 행복을 찾아 떠나는 길임에 분명할 건 알지만, 도중에 그만두고 싶을 때도 종종 있다.

그러나 2~3일 앓고 나면, 나시 훌훌 털고 일어나서 다시 꿈꾸는 일을 한다. 내가 미용일을 하면서 가슴 아픈 일 중 하나가 고객으로 만나서 오랜 시간을 같이 지내다 보니, 고객이 건강을 잃어서 다시 못보게 되는 아픔이 있을 때 참으로 안타깝고, 그분의 영상이 머릿속을 맴돌아서, 맘이 안 좋을 때가 종종 있다.

암을 앓고 계신 고객분이 있는데 어릴 적 17살 때 암이 발생하여, 다리를 절단하고 신약 실험으로 60세까지 산 기적 같은 사건을 경험한 분이 계신다. 그분은 사회에서 봉사활동도 많이 하시고, 정을 많이 나눠주셔서, 맘이 참 많이 쓰이는 고객분이다. 하나님의 기적으로 덤으로 사는 인생, 남들을 위해 봉사하는 마음으로 좋은 일도 많이 하시겠다고, 오지에 학교도 세우시고, 사업적으로 일자리를 창출하면서, 사회적 책임도 다하면서 사시는 그분의 소식을 듣지 못해서, 요즘 늘 불안하고, 걱정스럽다.

여러 사람의 일들을 간접적으로 듣고, 이해하며 공감하다 보니, 내가 직접적으로 그 일을 하지 않더라도 모든 직업의 희로애락을 알게 된다.

분명한 것은 이 세상에 공으로 얻는 것은 없다는 것이다. 남을 부러워 말고, 내 소임을 다하는 것 내게 주어진 일에서 최선을 다할 때 기회가 주어지고, 내 방향타를 내가 조종할 수 있는 능력을 갖추게 된다는 진리를 거듭 깨닫게 된다.

오랜 세월을 산 인생은 아니지만, 아이 낳고, 아픔을 참게 되고, 인내하다 보니, 목표하는 바를 항상 꿈꾸면서, 나의 행복뿐 아니라, 내가 행복한 일을 하다 보면, 남을 행복하게 만들 수 있다는 사실을 알게 된다.

지금의 일을 사랑하면서, 그 사랑이 날 가슴 뛰게 만든다. 그 사랑의 힘이 내가 살아있음을 느끼게 만든다.

지극히 개인주의적 소확행 • 김미려

욕실에서의 행복

샤워기에서 물이 떨어진다. 물은 나의 몸을 때리고 결국 욕실의 바닥을 흐른다. 내 몸에 붙어 있던 온갖 먼지도 욕실 바닥을 흐른다. 그들은 물에 맞고서야 겨우 내 몸에서 떨어질 정도로 찰싹 붙어 있다. 물과 먼지는 작은 시내를 만들어 하수구로 흘러 간다. 고마운 일이다. 먼지를 딱풀이 아니라 강력본드로 붙인 것처럼 철썩 붙어 있는 날, 나는 더 뜨거운 물을 내 몸에 끼얹는다. 진짜 뜨거운 물 만이 그 접착제를 녹여낼 것 같아서다. 경험상 뜨거운 것은 모든 것을 녹이고 열어젖힌다. 이렇게 녹아서 열어젖힌 나의 몸은 진실하고 정갈하다.

블루투스 스피커에서 음악이 떨어진다. 음악은 나의 몸을 때리고 결국 욕실의 허공을 떠다닌다. 내 마음속에 떠다니던 먹구름도 음악과 한 몸이 되어 저 멀리 허공을 떠다닌다. 그들은 음악이라는 달빛이 나타나면 내 몸에서 빠져 나와 허공으로 떠나가기 때문이다. 옅은 색 먹구름은 음악과 쉽게 한 몸이 된다. 신기한 일이다. 그러나 먹구름이 진한 잿빛을 띠면 그는 좀처럼 음악을 만나지 못하고 내 주변을 맴돈다. 그래서 나는 더 오랫동안 음악을 떨어뜨려 본다. 긴 음악만은 잿빛을 덜어내고, 먹구름을 좀 더 옅게 만들 것 같아서다. 경험상 긴 음악은 더 강한 힘으로 잿빛을 흔들어 그것을 달빛 쪽으로 밀쳐낸다. 이렇게 먹구름이 멀리 사라진 나의 마음은 진실하고 정갈하다. 몸과 마음이 함께 진실하고 정갈해지는 욕실. 그래서 욕실은 항상 행복이다.

너, **내 동료**가 될래?

학교나 사회에서 생활하면서 여자들이 좋아하는 여자가 있고, 남자들이 좋아하는 여자, 두 부류가 있다는 걸 느낀다. 내가 좋아하는 여자 친구는 전자에 속한다 난 어른들이 좋아하는 부류인 것 같다. 무뚝뚝하고, 주변에 관심 없는 듯 무심한 표정이다. 희로애락에 대한 표정 변화가 크지 않아서 정말 속 깊게 들여다보지 않으면 그 친구의 애환을 모르고 지나칠 수도 있을 정도다. 나중에 알고 나서야 미안한 감정이 밀려왔고, 한편 그 정도도 털어놓지 못할 정도의 사이라는 생각이 드니 서운함이 든 경우도 종종 있었다.

그러나 오랜 세월 함께한 친구이기에 그 친구의 사람 됨됨이는 신뢰할 만했고, 그 속내도 가늠할 수 없을 정도로 깊다는 걸 안다. 그런 친구를 둔 난 행복한 사람이고, 나도 그 친구에게 그런 사람이 되고 싶은 마음이다. 그래서 내가 지금 하고 있는 일과 그 친구의 일이 다를지라도 서로 각자의 자리에서 꾸준히 성실하게 지켜온지라, 어느 정점에서 다시 만나지 않을까, 하는 기대감을 갖고 있다.

내 친구 중 부러운 친구가 있다. 늘 당당함을 잃지 않으면서도, 부드럽고 속정 깊은 친구다. 그래서인지 주변에 사람이 워낙 많아 나 말고도 만나는 모임이 많다. 늘 바쁜 친구다. 그 바쁜 와중에 일의 우선순위를 잘 지켜서인지, 그 친구에게는 서운함이란 감정보다 수많은 일을 차곡차곡 해내는 모습이 부러웠다. 특히 남편에 대한 사랑이 부러울 때가 한두 번이 아니었다. 이 나이쯤 되면 그렇듯 남편은 남의 편 정도인데, 이 친구 부부는 그렇지 않다. 인생의 동반자이면서, 동료이기도 하고, 연인이기도 한 남편과의 사이가 가장 부럽다.

돌이켜보면 난 지적인 남자, 혹은 음악을 잘하는 사람을 좋아했다. 어릴 적부터 좋아했던 오빠는 기타를 잘 쳤고, 지금의 신랑은 내게 노래를 만들어 불러주었다. 내가 영어를 잘 못 하는 시기에 외국 타지에서 남편을 만났는데, 나 자신이 외롭고 한참 작아 보이던 시기에 들려준 노래는 내게 깊은 감동을 주었다. 전화로 들려준 노래였는데, 그 사건으로 인해 지금 이렇게 부부의 연을 맺게 되었다. 그 장소가 한국이었다면 어쩌면 우리는 부부가 되지 않을 것 같기도 하다. 그래서인지 우리 부부와 그 친구의 부부를 비교해보면, 관계의 깊이가 조금 다른 느낌이다. 그래서 때로 부러운 마음으로 쳐다보곤 한다.

난 돈이 많아서, 잘 생겨서, 소위 잘나가는 직업을 가진 남자라서 좋아해본 적은 없는 것 같다. 주로 노래를 잘하거나, 악기를 잘 다룬다거나, 지적 호기심이 많아 내 욕구를 채워줄 만큼 박학다식한 사람에게 늘 호감이 갔다. 이런 나는 늘 만년학생증후군이라는 별명에 걸맞게 지금도 끊임없이 호기심 영역에서 탐구하고 있다.

나만의 살롱을 내고 싶은 게 1차원적 꿈이었다면, 궁극적이고 구체적인 꿈은 미용인을 양성하는 아카데미를 차리는 것이다. 소위 말하는 기술적인 아카데미가 아니라 고대 그리스 철학자 소크라테스가 아고라 광장의 토론에서 자신의 내적 존재의 깨달음을 얻고 자기 길을 찾았던 것처럼, 단순 기술을 가르치는 이곳에서 산 경험과 신념을 갖고 직업에 임하는 사람들과 소통하는 아카데미를 만들고 싶다.

어떤 사람은 꿈에 불과하다고 말하지만, 현재 상황에서 늘 가능하지 않다고 여기는 일을 하고 싶은 게 꿈이고, 가능하지 않다고 단정 짓는 선배와 동료들의 틀을 깨고 싶은 것도 내 꿈이고 사명이라 생각한다. 가보지 못한 길을 가려 할 때 늘 불안하고 막연함을 견디는 시간적 한계를 극복하기는 쉽지 않다. 미지에 대한 자신의 확실한 신념 없이 꿈을 꿀 수도 없는 일인 건 자명하다. 그래서 늘 속으로 이런 고민을 하며 한 걸음 한 걸음 준비하는 단계가 예전의 모습을 답습하는 것처럼 보일 수도 있겠다. 하지만, 그 길을 카피하면서도, 한끝 다른 소명감을 갖고, 내 미래를 설계하고 싶다.

아카데미를 꿈꾸게 된 가장 큰 동기는 자신의 직업을 귀히 여기는 사람들이 행복하고 즐거운 일로 자신의 직업을 한 단계 끌어올리는 직업인이길 바래서다. 고대에서 의사란 직업이 천하기 그지없는 직업군에 속했다고 한다. 그러나 현대사회에서 의사라는 직업은 어떠한가? 미용인 헤어디자이너, 의사가 되기 위해 노력하는 기간만큼 우리의 직업도 그만큼의 생체실험이 필요하다. 다행히 사람을 상대로 연습할 수 없는 의사와는 달리 우리 직업은 가까운 지인들을 상대로 생체실험을 할 수 있다는 장점은 있다. 그러나 그러한 시간과 노력에도 불구하고 사회적 지위는 터무니없이 낮다.

내가 방송국에서 나온 이유도 한 조직 속에서 계급의식이 팽배해 있었고, 내가 속한 직업군에서 일하는 사람조차 자기 직업에 대한 자긍심이 약한 상태이다 보니, 이런 조직에 더 이상 있다가는 나 또한 매너리즘에 빠지다가 내가 좋아해서 선택한 이 직업을 결국 포기할 것 같다는 생각이 들었다. 그래서 다른 직업에 비해 비교적 복지가 좋고 안정적인 회사였지만, 이곳을 떠나기로 결심했다.

이런 결심에 쇠뿔을 단김에 뺀 사건이 하나 있었다. 한 드라마를 진행하는 데 있어서 PD의 역할은 매우 크다. 그만큼 영향력도 크고 진두지휘하는 사람의 인격에 따라 팀 분위기가 좌지우지된다. 2001년도쯤인가, 사극계에 거장이신 분과 함께 일하게 되어 감격스러웠는데, 게다가 그분의 인정까지 받아 헤어파트의 팀장을 역임하게 되었다. 평상시 언행이 부드러웠고, 박학다식한 분이어서 대본을 직접 쓰기도 할 정도로 글솜씨도 좋고, 음악에 조예도 깊고, 색감에 관한 감각도 뛰어난 분이었다. 무엇보다 인격적으로 훌륭한 분이었다.

대부분 그분을 존경했다. 그분으로부터 인정받으면 승승장구의 길이 열려있을 정도 영향력이 있으신 분이었다. 그런 분이 늘 하시던 말씀이 사람의 귀천을 두지 말고, 누구나 귀히 여기면서 늘 동등하게 대해주라는 것이었다. 대부분의 감독님들은 엑스트라 단역을 맡은 분에게는 눈길조차 주지 않는 게 통례였던 방송 현실에서 유독 일일이 스태프들을 챙기시면서 '고생하셨다'는 말로 촬영장을 돌아다니며 일일이 인사를 하곤 하셨다. 일을 진행하면 할수록 그런 분의 인격에 감동했다. "사람은 익으면 익을수록 고개를 숙인다"라는 속담을 그대로 재현하시는 분이라는 걸 느끼며, 이러한 분과 함께 일할 수 있는 기회를 주신 하나님께 감사드렸다.

그러던 어느 날 사건이 터지게 되었다. 마지막 장면에서 연기자가 늦게 도착해서 날밤을 새게 되었다. 저녁 12시가 넘어가면 오버차지가 500만 원이 넘게 들기에 예민할 수밖에 없던 상황이었다. 그런 사정을 잘 알기에 나 또한 일을 빨리 끝내려고, 헤어메이크업 아니 미술 파트 전체가 최선을 다해서 빠르게 일을 진행시켰다. 그러나 감독님의 말 한마디에 그런 애사심은 온데간데없이 사라지게 되었고, 존경했던 마음조차 한 순간에 식어버렸다. 물론 나중에 감독님의 뜻을 듣고 이해하긴 했지만, 당시만 해도 존경하던 감독님의 성정을 의심하게 만드는 사건이었기에 그 이후, 감독님과 눈인사조차 어려워졌다. 너무 믿었던 사람에게 실망하면 다시 보고 싶지 않듯이 내가 그랬던 것 같았다. 그 당시 나는 의협심에 불타고 정의와 원칙에 얽매여 있던 터라 실망으로 가득한 감정선이 더욱 드러났을 것이다.

평소 나를 인정하고 아끼셨던 감독님은 내 태도가 변화된 것을 직감하고, 왜 그런지 상황을 물어주셨고, 나 또한 내 생각들을 건방질 정도로 강하게 어필한 뒤에 사건은 마무리된 듯했다. 무리한 요구를 했던 내 말에 귀 기울여 주시고서는 미술부에 대한 모욕을 철회한다는 조건으로 공개사과를 해주셨다. 난 감독님이 미술부 전체에게 공개사과를 한 일이 그렇게 큰일이라 생각지 못했다. 그런데 예상치 못한 일이 생겼다. 그 사과 후, 나를 향한 모든 시선이 변해버렸다.

항상 내 편에 서서, 힘든 상황을 먼저 해결해 주었던 조연출은 내가 여자라서 감독님이 그런 요구를 들어주셨고, 감독님의 총애를 받는다며 '까불고 있네' 이 한마디로 상황을 일축해버렸다. 결국 드라마

극 피디의 위신을 떨어뜨리는 일로 변질되게 만들어버렸다. 여기까지는 각자 파트의 자존심이니 이해할 수 있었다. 그러나 같은 미술부에서조차 부당함을 고치고, 부당함에 대해 사과를 받은 일에 냉소적 반응을 나타냈다. 내가 여자라서, 여자란 무기로 이기지도 못할 싸움에 편법으로 승리한 듯한 분위기였다. 이것이 바로 내가 유학길로 떠나게 만든 계기가 되었다.

  큰 포부를 안고 떠난 유학길이었지만, 집안의 급작스러운 변고로 1년 반 만에 귀국하게 되었고 바로 회사로 복귀했지만 한 번 떠난 마음은 다시 회복하기 어려웠다. 다행히 회사생활을 성실히 한 덕에 사장님은 객지에 나오면 힘들다며 먹고살 길을 열어주셨다. 또한 MBC 타이틀로 겸임교수까지 하게 되었다.

  회사에서 나오면서 항상 반쪽짜리라고 생각했던 분장실 파트를 극복하고 싶어서, 과감히 청담살롱으로 도전했다. 당시 난 살롱에 적합한 능력을 갖추고 있지 않은 상태였지만, 지금의 나를 만들어주신 스승님 덕분에 새로운 세계에 발을 디디게 되었다. 내 눈빛 하나만 보고 '할 수 있다'고 격려해주신 원장님의 믿음 덕분에 난 급속도로 성장했다. 남들이 불가능하다고 비웃을 때 나를 믿어주신 원장님 뜻에 보답하고 싶기도 하고 오기가 발동해서 당당히 내 실력으로 증명해 보이고 싶다는 승부욕으로 여기까지 쉼 없이 달려왔다.

회사의 보호를 받고 있는 미술부의 분장실이란 울타리와 청담이라는 헤어살롱과의 갭은 상당했다. 이곳은 감당하기조차 힘들 정도로 경쟁이 치열했다. 치열한 경쟁은 개인의 발전을 꾀하기도 하지만, 동료와의 경쟁에 상당한 심리적 압박감과 서로에게 주는 이기적인 발상으로 인해 상대에게 큰 상처를 주는 일이 종종 발생한다. 내가 의도해서 그런 일도 있겠지만 의도치 않게 내 발전을 위하며 주변을 살피지 않다 보니 주는 폐해도 있었다. 당시 나의 성취욕과 승부욕으로 인해 남들에게 주는 불편함을 이해하지 못했다. 그저 나를 이해하고 따르는 후배들과의 유대만 깊어가는 공감대를 만들 뿐이었다. 그래서 난 사회에서 동료를 찾기가 힘든 사람이었다. 오너나 선배에게는 인정받았지만, 동료에게는 적대감이 숨어있는 채 그저 같이 일하는 사람일 뿐이었던 것 같다.

방송국생활을 할 당시 연예인과 친한 선배가 있었는데, 그 선배는 조용필 가수를 좋아해서, 방송일을 시작했다고 한다. 나와는 전혀 다른 이유로 직업을 선택한 선배는 다소 이해하기 어려운 사고를 갖고 있었지만, 일에 대한 열정과 투지로 인해 가까워졌다.

그 선배는 연예인과 절친처럼 지낼 수 있는 넉살과, 끼가 넘쳐흘렀다. 난 늘 뒤에서, 연예인을 별나라 사람들이란 인식으로 그들과 친해질 수 없는 선을 긋고 생활했다.

그런 날 지금은 나이가 많이 드신 연로하신 연기자분이 내 눈빛을 보고, 방송국에 오래 있지 못할 듯하니 이 세계에서 어서 나가서 다른 길을 찾으라고 조언해 주셨다. 지금 생각해 보면 내가 너무 얼어있고 경계심이 강한 모습으로 별천지에 있는 사람처럼 있다 보니, 그런 말을 들은 듯싶다. 그곳에서만 무려 10년이란 세월을 보내면서 무슨 일을 하든 그 직업에 대한 적성을 알아보려면 적어도 10년은 일해야 한다는 깨달음을 얻을 수 있었다.

그렇게 별천지 같은 곳도 10년을 지내고 나서야 내가 왜 그곳과 안 맞는 곳인지 알게 되고 나서야 내가 더 잘할 수 있는 일이 무언지도 찾아낼 수 있는 원동력이 되었다.

요즘 젊은 친구들을 보면 2~3개월도 되지 않아서 자신의 적성과 맞지 않아서, 일을 그만둔다거나, 잘할 수 있는 능력을 갖고 있는데 3년의 고비를 넘지 못하고 다른 곳으로 이직을 하니, 참으로 안타깝다. 한 곳에서 그 일의 특성을 알고 판단할 수 있는 시기는 최소 3년이고, 그 시기가 지나고, 일이 재미있을 무렵부터, 자신의 특기를 발휘할 수 있는 시기를 지나, 단련과 수련을 하다 보면, 그 일의 진가를 알고, 맨 나중에 적성에 맞는지 안 맞는지를 알 수 있다. 그러나 그 당시 일이 힘들다는 이유로 적성에 맞고 안 맞고를 찾아서, 중도포기하는 친구들을 지켜볼 때. 내가 조금 더 성장해서, 그들에게 메시지를 전달할 수 있는 사람이 빨리 되어야겠다는 다짐을 하게 된다. 연예인이 매체를 통해서 전달할 수 있는 메시지가 파급효과가 큰 것! 참 부러운 달란트다.

방송에 어떻게 비춰지냐에 따라서도, 직업의 흥망성세를 판가름하게 하니, 그 무리 속을 얼마나 치열한 열기일까! 내가 바로 그 현장에서 생생함을 맛보고 나온 만큼 그 치열한 무리에서 나와서야 비로소 동료를 찾을 수 있었다. 다만 동료를 나와 같은 시기에 일했던 사람들이라 칭하면서 더 큰 부류 속에 넣어둔다면 함께 가고 싶은 사람들이 있다. 지금 나와 함께 일하고 있는 후배들과, 시기는 조금 늦지만 같은 길을 걷고 있는 사람들과 함께 성장하면 좋겠다.

내가 좋아서 시작한 교육이었지만, 없는 시간을 쪼개서 후배들과 함께할 수 있는 자리를 만들고, 내가 알고 있는 지식이란 걸 전달하고픈 맘에 밤 12시까지 붙잡아두고 교육의 열의를 갖고 모였던 일들이 나를 성장하게 하고, 그들과 동료라는 의식을 심어준 계기가 되었다.

교육을 하자고 하니, 나도 전달하고자 하는 내용을 한 번 더 검토하고, 어떻게 하면 내가 전하는 의미를 잘 이해할까를 고민하는 시간들을 반복하다 보니, 그들의 생각과 소통의 방법을 터득하게 되었다. 남을 가르치는 것을 그만큼 나를 성장하는 발판을 키워나가는 방편인 것 같다.

내가 지금 가고자 하는 행보는 나를 위해 한 일이지만, 내 뒤를 쫓아오는 후배들에게도 직업의 흐름상 변화되는 속도를 먼저 감지하고, 한 발 더 나아가 그 길을 같이 걷고자 하는 후배들에게 도움이 되는 길이기도 하다.

생각의 방향을 조금 바꾼 일이, 내 직업을 넓고 무궁무진한 사업을 할 수 있는 장이 될 수 있다는 믿음이 생긴 것이다. 매번 사람의 머리만 자르고, 볶고, 하는 일들인데, 가발을 이용해서 얼마든지 그 영역을 더 넓힐 수 있는 일들이 많다는 것을 깨달았다.

사람의 머리카락을 다루는 일 이외의 것은 자격증이 없는 사람들이 하는 일이라는 편견을 걷어내고 나니 할 일들이 계속해서 생겨난다. 이런 가슴 뛰는 일들을 내 후배들과 함께하고 싶은 마음이다.

작고 소박하지만 먼저 간 사람이 밥상을 차리고, 함께 먹을 수 있다면, 그런 소소한 행복들이 계속된다면 로또 1등에 당첨된 벼락 같은 기쁨은 아니겠지만, 이러한 행복이 늘 잔잔하게 가슴속에 차오른다면, 그것이야말로 삶의 진정한 기쁨이 아닐까. 소박한 한 끼 식사를 함께할 수 있는 동료가 내 곁에 있다는 것, 같은 곳을 바라보는 사람이 많아지는 인생,

이것이야말로 작지만 큰 인생의 행복이다.

짠 내 나는 그 남자의 **사랑법**이 가르쳐 준 **달콤함**

내가 기억하는 아버지는 지적이면서 온화한 모습이었다. 언제나 말없이 지켜봐 주시던 따뜻한 분이셨다. 어릴 적부터 무척이나 나를 예뻐해 주시고, 격려해 주신 덕분에 내게 있는 자신감은 아버지의 사랑으로부터 나온 것 같다.

부모님의 가장 큰 장점은 자식에 대한 기대치가 있지만, 굳이 드러내려고 하지 않으면서, 묵묵히 지켜봐 주신 것이다. 내가 어릴 적 지키지 못할 약속을 할까 봐, 약속에 대한 개념을 가르쳐주시려 한 건지, 아니면 공부는 새벽에 하는 게 능률이 더 높다는 것을 알려주시려 했는지는 묻지 않아서 모르겠다. 하지만 말없이 행동으로, 몸소 가르

처주신 덕분에 나 또한 일단 생각하면 행동으로 옮기는 게 몸에 익숙해졌다.

중학교 때 일이었던 것으로 기억한다. 시험공부를 하는 데 너무 지쳐서 졸음과 싸우다 책상 앞에서 졸고 있는 딸의 방문을 살포시 열어보시곤 잠을 자고 다시 공부하는 게 더 성과가 있을 것이라고 말씀해주셨다. 난 그 당시엔 잠자고 싶은 마음에, 새벽에 일어나서 하겠다고 답하고 잠자리에 들었다. 한참 자다가 인기척에 놀라 눈을 떠보니, 어느새 아버지는 내가 약속한 시간에 맞추어 내 책상 옆에서 책을 보고 계신 게 아닌가. 그때 난 너무 부끄러웠고, 나 스스로 한 말을 지키지도 못할 거면 아예 입 밖에 꺼내지 말아야 한다는 걸 깊게 깨달았다.

아버지는 늘 한결같았다. 새벽에 일어나 모든 준비를 일찍 마치곤 했다. 사람을 좋아하는 분이셔서 술자리가 잦은 편임에도 늘 새벽마다 하루를 맞이하셨다. 그런 부모를 둔 덕에 나도 늘 새벽에 일어나는 것을 당연하게 여기며 자랐다. 새벽에 무언가를 한다는 것 자체가 성공의 지름길인 것만 같았다. 그래서 난 늘 성공할 수 있다는 막연한 믿음과 자신감이 있었다. 한편, 아버지가 나를 믿어주시는 만큼 난 그 기대에 보답하고 싶었다.

중고등학교 때까지 큰 트러블 없이 지내왔던 부모님과의 사이에 금이 간 것은 내가 대학진학을 앞둔 무렵이었다. 내 일이라면 늘 알아서 잘하는 나였기에 대학도 무난히 갈 수 있을 거라 생각하셨나 보다. 아버지는 잘 모르시지만, 난 엄마와는 잔트러블이 있었다. 유난히 언니보다 욕심도 많고, 갖고 싶은 거나, 하고 싶은 일이 있으면 부모의 반대에도 끝까지 졸라서 결국 가지고 싶은 것을 취했다. 중간에 포기라는 것도 모르고, 엄마만 졸라댔다. 엄마는 아버지와는 다르게 잔소리도 많이 하시고, 비교도 잘하는 편이어서 엄마가 좋으면서도, 엄마에게만 짜증을 잘 냈다. 지금에서야 엄마가 최고라고 느끼지만, 그 당시엔 아버지는 진짜 존경할 만한 분이지만, 엄마는 억척스러운 모습이 고상해 보이진 않았다. 내 눈엔 엄마가 복부인처럼 보이는 게 부끄러웠다. 다른 엄마들처럼 화장도 잘 안 하고, 수수한 모습을 좋아하던 나는 화장을 안 하면 슈퍼도 못 가는 엄마와 자주 의견이 충돌할 때가 많았다. 그런 엄마에 비해 아버지는 한없는 선비 같았다.

그런 아버지를 실망시키게 된 사건이 바로 대학입시에 실패한 일이다. 난 대학에 진학하지 않고, 그냥 포기하고 싶다며 울고불고 난리쳤다. 대학에 떨어진 이유랍시고 그간 밴드부에 들어가고 싶다고 졸랐는데, 부모님은 음악이나 예체능으로는 아예 단절시켰기 때문이라고 억지를 부렸다. 그러나 부모님은 이미 언니가 미술을 하면서 원하는 대학에 가지 못했기에 내가 다시 공부하길 원하셨다. 공부에만 집중한다면 원하는 대학에 갈 수 있을 거라고 더욱 크게 믿으셨다.

하지만 난 더 이상 공부하기도 싫고, 자신감도 많이 떨어진 상태에서 내가 무얼 할 수 있을지 고민하게 됐다. '대학에 간들 내가 좋아하는 과에 들어가지 못할 바에는 대학이 무슨 소용이 있을까?' 하는 생각에 그냥저냥 시간을 보냈고, 엄마는 다시 한번 도전해 보자면서 재수를 권했다. 결국 엄마의 설득에 재수하게 됐다.

그 시기는 나에게 천국이었다. 일탈이라고는 해보지도 않았던 터라, 술을 마시거나, 늦게 다니는 것을 생각해 보지도 않았던 시기에 재수라는 시간적 여유와, 학교만큼 규율이 없던 상황에서 난 더 자유롭게 시간을 보냈다. 엄마가 걱정하실까 봐 학원과 도서관에 간다고 하면서 재수학원 친구들과 일탈이란 걸 해봤다. 그래 봤자 포장마차에서 술 마시는 정도였지만, 이전의 내 모습에 비하면 큰 일탈이었다. 재수하면서 교회도 안 나갔다. 자격지심에 대학에 들어간 친구들에게는 연락도 하지 않으면서 더욱더욱 멀어지게 됐다. 그저 학원 친구들과 시간을 보내면서, 불안한 미래를 걱정하면서 또다시 대학입시란 현실에 맞닥뜨리게 됐다.

결과는 처참했다. 고3 때 바로 갈 수 있던 대학마저도 못 가는 실력으로 나락했다. 결국 모든 안 좋은 결과는 부모님 탓으로 돌리면서, 대학에 안 가겠다고 다시 한번 내 주장을 피력했다. 그러자 아버지가 조용히 나를 부르시더니, 조곤조곤 타이르며 설득하셨다. 네가 생각하기에 아무리 후진 대학이라도 나름의 대학생활이 있는데, 그걸 즐겨보면 어떻겠냐고, 남들 하는 거 한번 해보라고 하셨던 그 말씀이 내 귀에 쏙 들어왔다.

아버지는 내게 늘 그런 분이셨다. 여러 말씀을 안 하시지만, 간결하게 진하게 가슴에 콕 박히게 나를 움직이셨다. 몸소 실천하시고, 나를 따라오게끔 만든 분이었다. 난 그런 아버지가 무척이나 좋았다. 결국 난 후기대에 입학하고 나서 아버지가 말씀하시던 대학 시절을 즐기라는 말이 무슨 말인지 알 듯했다. 그제야 다시 공부할 마음이 생겼다. 내가 원하던 대학으로 다시 편입할 결심을 하고 노량진에 있는 편입학원에 다니기로 결심하고 반 학기를 공부했다.

그 기간에 대학 절친이 된 친구를 사귀게 되었다. 그 친구와 있는 시간은 내게 큰 기쁨을 주었다. 노래를 잘 못 하면서도, 음악을 동경하던 나는 통기타서클에 가입해서, 노래하고 공연했다. 이 시간에 푹 빠져 버려 편입하겠단 생각을 아예 뒤로하고, 원 없이 열심히 놀았다. 자정도 넘겨보고, 못 마시던 술도 먹고, 만취해서 길바닥에 뒹굴어 보기도 하면서, 춤추고 싶던 내 욕망도 맘껏 분출했다. 그 당시 내가 용돈을 적게 받는 편도 아니었는데 유흥을 즐기느라, 난 친구들과 간간히 아르바이트를 하면서, 나이트에 도장을 찍었다. 1주일에 한 번은 늘 춤추고 놀면서, 대학 1년 반을 원 없이 놀던 중이었다. 친구와 메이크업에 관심이 생겨 취미로 학원에 다니게 됐다.

지금 대학 시절의 내 사진을 보면 나이에 맞지 않게 늙어 보였다.

꾸미는 것을 좋아하고, 옷에도 관심이 많아서 메이크업을 배우고 나니, 내 가방에는 늘 메이크업 도구와 액세서리 거울로 가득 찼다. 매번 한 시간 동안 화장하고, 어느 날은 가발까지 쓰면서 한껏 멋을 부리며 학교에 다니곤 했다. 심지어 교수님은 학교에 패션쇼 하러 오냐며 혀를 끌끌 찰 정도였다. 어릴 적부터 내재되어 있던 나의 충동 욕구는 규제와 부모님의 통제를 벗어난 상황에서 맘껏 펼치게 되었다.

이렇게 이전 생활과 다르게 생활하면서 나 자신이 무엇을 좋아하고, 그 무엇인가에 재주가 있다는 걸 발견하면서 나의 인생 궤도가 완전히 바뀌게 되었다. 메이크업학원에 다니며, 취미로 하려 했던 일이 직업으로 전환되는 기점이었다. 나는 '이 길이 진짜 나에게 맞을까?' 고민하기보다 한창 후기대라는 타이틀로 자존감이 무척 낮아진 상태에서 한 줄기 빛이 되어 내 길을 열어준 것처럼 느껴졌다. 스승으로부터 넌 재주가 있으니 이 분야에서 큰 별이 될 거라는 한마디에 "어떻게 하면 돼요?"라는 질문과 함께 사사를 받게 되었다.

대학 3학년, 친한 친구들은 하나둘씩 정신을 차리며 진로에 대해 고민하고, 학업에 열중하거나, 편입을 준비하기도 하고, 취업 준비로 바쁜 나날을 보내며 도서관행 삶으로 변해갔다. 그 당시 나는 방송국에 다니며 불규칙한 생활을 시작했다. 그때만 해도 헤어메이크업은 직업적인 메리트가 없었다. 그런 일을 하면 배고프고, 비전 없는 일이라면서 주변에서 많이 말리곤 했다. 그냥 취미로 배우면 되지, 직업으로는 안 된다면서. 내가 학교에 안 가고, 그 일에 본격적으로 뛰어들면서부터 친구들과 점차 괴리가 생기게 됐다.

친구들도 이렇게 말렸는데, 나이 든 부모님의 반대는 미루어 짐작하고도 남을 것이다. 계속 늘어나는 학원비와 사사비는 용돈으로 도저히 감당할 수 없어서 부모님의 허락과 지원을 받아야 했다. 부모님을 설득하는 과정에 나를 향한 아버지의 실망스러운 눈빛은 지금도 잊을 수 없다. 그때만 해도 헤어메이크업은 공부를 못하거나, 집안 형편이 어려워서 어쩔 수 없는 선택하는 직업군이란 인식이 팽배해 있었기 때문이다. 부모님의 실망과 비난은 내 인생을 절망적으로 만들 만큼 모질었다.

이 과정에서 나를 믿어준 친구가 한 명 있었다. 도저히 학원비를 내지 못하는 상황에서 중학교 절친이 나를 믿어주고 한 달 치 월급을 빌려주었다. 경제적으로 자립하지 못한 시기였기에 그 친구가 아니었다면 아마 포기했을지도 모른다. 지금이야 무슨 일이든 할 수 있다는 마음가짐이 있지만, 그때만 해도 부모님의 그늘에서 곱게 자란 상황이어서 나 혼자 독립적으로 닥치는 대로 일할 만한 용기는 없었다. 부모님의 허락은 거친 사회에 성큼 발을 내디딜 용기를 주었겠지만, 당시 친구 외에는 누구 하나 용기를 주지 않았다.

절친의 믿음 덕에 부모님을 설득한 시간을 벌었다. 졸업을 앞둔 막바지에 다들 취업을 위해 준비하는데, 나는 부모님에게 한 번 더 설득을 시도한 결과 겨우 허락이 떨어졌다. 단, 헤어메이크업을 인정해주는 큰 기관에 입사하는 조건이었다. 그래서 난 곧바로 MBC에 입사 준비를 시작했다. 큰 회사라곤 그 당시에 방송국밖에 없어서 무조건 그곳에 합격해야만 했다. 아니면 내 꿈이 사라질 지경이었다. 그때만큼 간절했던 시기가 또 있을까? 진짜 열심히, 그리고 공략적으로 임했다. 두 달 만에 미용자격증을 따는 건 흔한 일이 아니었기 때문이다. 하지만, 간절한 만큼 입사조건을 충족하기에 짧은 기간이었지만, 졸업과 동시에 MBC 미술파트에 당당히 입사했다.

수많은 경쟁자를 물리치고 들어간 회사였기에 난 다시 당당하고 자신감 넘치는 예전의 나로 돌아왔다. 그때부터 부모님의 인정과 지원 속에 내 진로에 대한 의심 없이 한 길만을 줄곧 달려왔다. 지금에야 하는 말이지만, 엄마는 내가 어려서부터 손재주가 많은 것을 싫어하셨다. 여자가 고생한다며 만드는 일이나 그와 관련해 상을 타와도 칭찬해주지 않으셨다. 가사시간에 선생님이 재봉틀로 박음질을 해왔다고 의심할 정도로 바느질을 잘했고, 입던 청바지를 리폼해서 가방을 만들었고, 비누공예도 했고, 패턴을 배우지 않았지만 상상으로 옷을 오리고 꿰매기도 했다. 엄마는 요사를 부린다며 핀잔주기 일쑤였지만, 결국 내가 이런 직업으로 갈 걸 아셨던 것 같다. 어릴 땐 색연필을 사주면 눈에다 그리며 회장을 했고, 동네 아이들 머리를 죄다 땋아 주었다. 초등학교 때부터 엄마 고데기로 스스로 내 머리를 하고 다녔던 일들을 회상하며 자식 일은 억지로 되지 않는다며 한탄하셨다. 엄마는 내게 커서 자식을 낳아보면 왜 그리 반대했는지 알 거라고….

내가 사회생활을 하던 당시만 해도 지금과는 판이하게 다른 현장이었다. 선배로부터 모질게 학대당하면서 상식이 다른 사람과 공존하는 데 당혹감과 어려움을 느꼈다. 나와 다른 환경에서 살아온 사람들의 삶의 태도와 접점을 찾기란 여간 어려운 일이 아니었다. 말도 안 되는 문제로 생긴 선배와의 마찰로 인해 그만두고 싶을 때가 한두 번이 아니었다. 담배 안 피운다는 이유로 나가라고 쏘아붙이거나, 먼저 입사한 선배보다 급여가 많다는 이유로 낙하산이냐며 왕따를 당하고, 지금이라면 받아들일 수 없는 일들로 만연한 상황이었다.

한 번은 무식한 선배한테 모함을 당하고, 진짜 참지 못할 것 같아 다른 사람의 고충까지 더해 내가 총대 메고 회사에 고발할 참이었다. 그때 아버지께 자세한 상황을 설명했더니 누가 너에게 그런 일을 하라고 했냐면서 나오려면 조용히, 좋게 나오라고 하셨다. 조직은 결코 아랫사람의 말을 귀담아듣지 않는다면서 그 선배가 더 오래 일했으니 회사는 그편에 설 거라면서 사회생활의 혹독한 면을 말씀해주시며 현실적인 조언을 해주셨다. 난 그 이후로 아무리 힘들어도 내가 선택한 일을 남들에 의해 그만두지 않으리라 다짐하면서 사회생활의 쓰디쓴 맛을 보았다.

한 번은 도둑으로 몰려서 1년이나 이상한 시선을 받으며 회사생활을 견뎌야 했다. 그땐 진짜 그만두고 싶었지만, 내 자존심이 허락지 않았다. 당시 그만두면 내가 한 일도 아닌데, 도둑으로 치부될 거라 생각했기에 진짜 도둑이 잡힐 때까지 회사에 버티기로 결심했다. 그리고 결국 범인은 1년 후 잡혔다. 그 일을 계기로 난 타인에 대한 오해와 선입견이 얼마나 부질없는지 알았다. 그 사람의 진가를 알려면 짧게는 1년, 길어야 3년은 걸러야 한다는 생각이 들었다. 그리고 나만 진실하게 살아간다면 내 진가를 알아보는 사람들과 반드시 만날 거라는 생각으로 인내했다.

아버지는 이런 좌충우돌 속에 내가 성장하는 과정을 지켜보시면서 나를 향한 믿음을 다시 쌓아가셨다. 그렇게 내 직업과 사회생활을 인정하면서부터 나와 아버지의 관계는 남들이 부러워할 만한 모녀가 됐다. 아버지는 늘 나를 자랑스러워하셨고, 나는 날 인정해주는 아버지께 보답하고자 방송국이 제공하는 혜택만큼 이곳이 정말 대단하다며 매번 알려드렸다.

하루는 아버지가 즐겨 들으시던 음악을 다 찾을 수 있을 만큼 방대한 음악 테이프와 씨디를 구해서 녹음해 드리고, 그걸 들으시면서 아버지와 나 사이에 엄마와는 사뭇 다른 정이 쌓였다. 새로운 녹음기를 사거나 전자제품을 사면 설명서를 다 읽고, 그에 따라 번호를 매기면서 메뉴를 알려드렸다. 연세가 많은 부모님은 나의 이런 자상함을 대견해하기도 하고, 곰살스런 딸이라며 더욱 많은 애정을 드러내셨다. 난 집안의 애굣덩어리면서 똑똑한 딸로 자리매김했다.

언니에 비하면 그렇다. 언니는 늘 무뚝뚝하고 방에 혼자 틀어박혀 있거나 밖으로 돌았다. 지금 생각하면 나에 대한 부모님의 편애가 언니를 불편하게 하고, 부모님과 거리를 더 두게 한 듯하다. 난 언니보다 모든 면에서 나아서라고 생각하며 항상 우쭐해 있었는데, 그런 날 탐탁지 않게 여겼던 언니와 나는 다른 자매들처럼 그리 친한 사이는 아니었다. 이렇게 집안의 애정을 한 몸에 받으면서 자란 나에게 아버지는 미래의 남편상이기도 하고, 인격을 측정하는 잣대이기도 했다.

그런 아버지가 갑자기 쓰러지면서 우리 집의 일상은 아주 많이 달라졌다. 아버지를 보며 가슴이 무척 아프면서도, 긴 병 끝에 효자 없다는 말이 내게도 해당할 줄은 몰랐다. 아버지가 병상에 있을 때조차 나는 내 일이 먼저였다. 그런 이기적인 나를 대신해서 무뚝뚝한 언니의 진가가 발휘됐다. 아무 말 없이 늘 뒤에서 보살피던 사람은 반짝이며 호화스럽게 나타나던 내가 아니라 언니였다. 언니는 늘 그랬다. 말도 없고, 자기표현도 극히 제한적이었던 성격 탓에 가족 간에도 차가웠고, 남에게 해코지 당하지 않을까, 엄마는 늘 언니 걱정을 하셨다.

　아버지 병세가 호전되었다. 하지만 나이가 드시면서 병으로 인한 뇌 손상은 내가 존경하던 아버지와 다른 사람으로 이끌었다. 그 뒤에 한결같은 엄마의 병수발이 있었는데, 아버지에 대한 사랑이 얼마나 극진한지를 알게 되었다. 나는 남편을 위해 그런 일을 할 수 있을까, 자문하면 솔직히 자신이 없다. 그러나 엄마는 늘 그렇게 아버지를 위해 희생하셨다. 그리고 자식을 위해서도.

　이제야 그런 세월을 묵묵히 견뎌온 엄마를 이해하면서 가슴 아파한다. 지금도 엄마는 잔소리와 헌신적인 모습으로 자식을 키워내신다. 나도 결혼하고 내 딸을 낳으면서 엄마를 많이 이해하고 사랑하게 됐다. 결혼하기까지 두 분의 영향력이 참 짙다는 생각이 든다. 말없이 몸소 실천하시는 아버지의 자상함에 더해 유머스러움과 음악을 사랑하는 영향을 받아 지금의 신랑을 만났고, 깐깐하고 부지런한 엄마의 억척스러움이 지금 일하는 내 모습과 비슷하다. 부모님 세대는 늘 부지런함이 세상을 잘 살아가는 자산임을 입증하던 시대였고, 난 그걸 보며 자라온 터라 나 또한 그 생활을 살아왔다. 그래야 잘 사는 거라고….

　이런 생활 패턴이 바뀐 건, 방송국에 다니면서 밤낮이 바뀐 생활과 불규칙을 규칙으로 알고 지내온 10년의 세월이었다. 방송국에서 얻은 일에 대한 성취감과 긴장감이 방송 현실보다 더 냉정한 경쟁사회에서 날 지지하는 밑거름이 되었다. 방송국에서 내 작품이 스크롤로 올라가면서 나온 결과물은 내게 성취감과 희열을 주었다. 이 감정을 맛보아서인지 나는 일을 끝내기까지의 극한 고통을 잘 이겨냈다.

방송 생활은 현장에서 디자이너로서의 일도 하지만, 이른 새벽부터 늦은 밤까지 기다림의 연속이기도 하다. 방송 생활 자체는 다소 지루함이 있지만, 그럼에도 참 매력 있는 세계이기도 하다. 한 작품을 만들면서 스토리에 빠져들다 보면, 나도 어느덧 그 세계에 들어간 듯한 착각을 한다. 이런 현상을 즐기다 보니 내 현실에서의 생활 또한 드라마처럼 내가 원하는 대로 꿈을 꾸며 살아가면 기회가 주어진다는 확신을 갖게 되었다. 그리고 최면을 건다. 이 세상에서 내가 주인공이라고. 지금 겪는 어려움은 그 과정의 일부분일 뿐이라고….

얼마 전 아버지를 먼저 보낸 어머니의 절규를 들으면서 부부는 저런 모습이라는 걸 느꼈다. 자식과의 관계에서 볼 수 없는 믿음과 우정, 그리고 사랑. 우리 엄마는 남편을 무척이나 사랑하셨다. 아버지가 잘 듣지도 못하시고, 거동도 불편하셔서 엄마가 간호하느라 육체적으로 힘들기도 하셨지만, 엄마는 아버지를 언니와 내게 맡긴 적이 단 한 번도 없다. 돌아가시기 1년 전에 큰 수술을 두 번이나 연속으로 하셨을 때, 가족도 못 알아보시고, 말씀도 제대로 못 하는 상황에서도 수술실에 들어가실 때, 죽음에 대한 죽음에 대한 두려움을 온몸으로 드러내셨다. 아마도 두 분의 믿음은 누구도 알아보지 못하는 상황에서조차 아무런 의심 없이 의지할 수 있는 사람이 엄마란 걸 아신 것 같다. 그게 바로 부부로 살아간 세월의 힘이기도 하다.

　지금 우리 부부를 보면 '과연 저런 믿음이 있을까?' 하는 생각이 든다. 우리 세대 부부들도 그렇다. 사랑의 깊이도, 믿음의 깊이도, 참을성 또한 깊지 않은 것 같다. 특히 부모의 물질적 혜택을 받으며 자란 세대의 사람들끼리 부부의 연을 맺은 터라 함께 살아가는 불편함을 이겨내면서 공동체로서의 삶을 일구려는 의지는 크지 않은 듯하다. 나 또한 우리 딸이 없었더라면, 쉽게 헤어질 수도 있었을 것이다. 남남이 만나서 말없이 서로를 의지하면서 함께 한평생 살아갈 공동의 목표는 자식이지 않을까. 자식이라는 끈이 아니면, 과연 사랑만으로 가정을 지킬 수 있을까, 하는 의구심이 든다.
　그만큼 자식이란 끈은 부부가 살아가는 과정에서 큰 꿈의 일부분인데, 우리 부모가 나에게 보여준 믿음은 나의 삶을 다시 한번 반성하는 계기가 되었다. 아직은 죽음이란 의미를 잘 알지 못하는 딸이 내게 준 교훈도 크다. 아버지의 죽음 앞에서 내 삶이 벅차다는 이유로 자주 뵙지도 못했고, 내가 필요할 때만 얼굴을 내밀었던 내 과오 앞에 마음이 무너지면서 설움이 북받칠 때가 있었다. 그때 딸이 다가와 가만히 날 안아주면서 내게 한 말이 있다. "엄마, 할아버지는 하늘나라에서 편히 계실 거야. 엄마가 울면 할아버지가 하늘나라에 못 가셔"라며 내 어깨를 감싸고 토닥거렸다. 그 작은 손이 내게 그렇게 큰 위로가 될 수 있다는 걸 그때 느낄 수 있었다. 아무리 작은 손이라도 도움이 필요할 때 내민 손은 크게 느껴지는 법이다.

아버지가 내게 준 가르침과 우리 딸이 내게 느끼게 한 교훈은 상대방을 충분히 이해하고 진심으로 함께하라는 것이었다. 상대방이 기쁠 땐 진심으로 기뻐해 주고, 슬플 땐 함께 울어주는 마음이라면 이 각박한 세상에서 함께할 수 있는 이들이 내 주변에 가족 외에도 여럿 있으리라 생각한다.

우리 딸에게 내 아버지의 말없이 실천하는 모습을 가르쳐주고 싶어서 나도 딸과의 약속을 어기지 않으려 노력하고, 딸에게 책을 읽히게 하고 싶으면 나도 옆에서 함께하고, 사람에 대한 귀함과 생명에 대한 존중함을 알게 하기 위해서 작은 생명을 키우고 있다. 딸이 초등학교에 들어가면서 강아지 한 마리를 입양해서 지금은 가족을 이루고 있다. 우리 집 강아지가 새끼를 낳아서 자식을 키우는 것을 보고, 내 딸도 엄마가 배 아파서 힘들게 자식을 거두는 모습을 삶의 체험 현장으로 익히고 있다. 강아지가 젖 먹는 모습을 보면서 딸은 자기 어릴 적을 연상하면서 부모의 희생에 대한 고달픔도 이해하는 듯하다.

우리 딸이 커서 본인의 희망대로 잘할 수 있는 일과 즐거운 마음으로 할 수 있는 일을 하면 좋겠다. 지금의 내가 좋아하는 일과 잘할 수 있는 일을 하고 있음에 견디고 이겨내야 하는 일들이 많은데, 둘 중 하나라도 자신에게 맞는 일을 찾기를 바란다. 그 길을 찾는 과정에서 내가 도움이 되고 싶은 마음으로 나 또한 열심히 몸소 실천하는 삶을 살고 있다. 그게 내 부모님이 나에게 가르쳐준 교훈이다. 솔선수범과 이타심이 그것이다.

"모든 진심은 다 알게 되므로 사람을 사회적 지위에 대한 잣대로 재지 말고, 진심으로 대하라."

우리 딸은 우리 집 강아지에게도 질투를 느낄 만큼 온몸으로 나에 대한 사랑을 표현한다. 그런 억지스러움이 하도 귀여워서 빨리 자라지 않기를 바라는 엉뚱한 마음도 가져본다. 바쁜 와중에도 딸이 자라가는 그 빠른 시간을 함께하고 싶다. 좋은 게 있으면 가장 먼저 가족 생각이 나듯 난 우리 딸과 함께하고픈 일들이 아주 많다. 친구 같은 엄마로 내 딸 옆에 늘 같이 있어 주고 싶다.

우리 딸이 1학년을 지내고 겨울방학 때 영어유치원을 안 보내고 직접 미국학교에 가서 영어를 접하게 하리라 하는 맘으로 1달 이상가량 휴가를 내고, 딸은 2달코스로 학업을 할 수 있는 프로그램을 계획하고 떠났던 미국은 그냥 딸과 함께 즐겁게 지내다온 휴가로 끝나게 되었다.

엄마 욕심에 아이 마음을 다치게 한 것이다. 미국의 초등학교 학생들은 이미 스스로 자기를 돌보고, 남에게 폐가 안 되도록 철저히 독립적으로 양육되었던 시기였다.

나뿐만 아니라 대다수의 한국 엄마의 자식에 대한 양육은 거의 무제한적인 사랑으로 모든 것을 엄마가 다해주는 시스템에서 길들여져 온 아이들에게 8살이라는 한국 나이는 미숙아에 속할 만큼 할 수 있는 일들이 극히 제한적이었다.

아직 신발끈을 제대로 묶지 못해서 뒤에서 기다리는 아이들의 알 수 없는 비난들이 우리 아이에게 상처가 된 듯하다. 좁은 공간에서 터져나오는 아이들 무리 속에서 엄마 없이 신발을 찾아 신고, 끈을 매고 엄마 있는 곳까지 오는 거리는 우리 딸에게는 한국에서 미국만큼 먼 거리였던 것이다.

엄마가 없는 미국생활은 다시는 하지 않겠다고, 혼자 미국에 있는 일은 없을 거라면서, 영어에 대한 흥미도 사라지고, 영어를 기피하는 현상까지 만들어놨으니 엄마의 욕심이 아이의 미래에 대한 자기 선택의 기회를 망쳐버린 느낌이다. 항상 일하는 엄마로서 아이와 오랜 시간을 함께하지 못한다는 이유만으로 아이의 심리상태와 상관없이 무조건적인 수긍과, 허락이 가져온 낭패다.

그 일이 있고 난 후로는 울 딸과 나 사이는 이야깃거리가 많아졌다. 대부분은 난 딸의 이야기를 많이 유도하고, 같이 공감하고자 노력한다. 폭풍 성장하는 아이의 발육을 보면, 덜컥 겁이 나기도 하지만,

이제는 내가 원하는 일들을 아이에게 권하는 방식이 아니라 친정아버지가 내 얘기를 듣고 말없이 지켜봐 주셨던 것처럼 나도 우리 딸을 조금은 먼발치에서 봐야 할 듯하다.

나의 애정표현이 과해서 우리 딸도 애교가 넘치고, 활발한 점은 좋지만, 남들이 보기엔 너무나 허용적인 엄마의 전형적인 모습이어서, 타인과 함께 사는 세상에서 이기적인 아이로 만들 수 있는 충분한 요인을 발생시키는 만큼 내 딸에 대한 이기적인 마음을 좀 거두어야 사춘기 때 엄마와 딸로 마주할 수 있을 듯하다. 바람이 있다면, 소심하지 않고, 당당하게 자신과 마주할 수 있는 성격이길 바란다.

지금도 늘 손톱이 짤막하게 잘려있다. 초초하거나, 지루할 때 손톱을 물어뜯는 습관이 못생긴 손을 만드는 것처럼 소심한 성격이 상처를 잘 받을 수 있는지라, 그 상처받은 맘을 숨기고 혼자 삭힐까 봐 걱정이 되긴 한다.

"딸아 엄마의 딸로 태어나준 것만으로도 넌 큰일을 한 거야!"

이 말을 늘 가슴속에 묻고 살길 바라는 마음뿐이다.

지극히 개인주의적 소확행 • 김미려

　내가 성인이 되어 시작한 취미 중 가장 끈질기게 이어가는 것은 바로 발레. 일반인인 내가 발레를 5년쯤 배우러 다녔다고 이야기하면 사람들이 조심스럽게 물어본다. "5년쯤 되었는데, 토슈즈 신고 하는 거예요? 그.. 레이스 달린 짧은 옷 입고 연습하나요? 공연에서 보는 것처럼 다리가 막 올라나요?" 당연히 나는 "아니예요"라고 답한다. 그러면 사람들은 다시 물어 본다. "그러면 뭐하러 발레를 하는 거예요?"라고 말이다. 그러게나 말이다. 공연에 나오는 발레리나에 대한 환상을 실현하지도 못하면서 나는 왜 그 긴 세월 동안 발레를 배우러 다니는 것일까? 발레는 진실하고 충만한 명상이기 때문이다.

　발레 동작을 하는 동안 하체는 나무 기둥과 같아야 한다. 발끝에서부터 배와 엉덩이까지에 이르는 부분은 쉴 새 없이 힘을 주고, 굳건하게 상체를 받쳐 주어야 한다. 동작의 종류와 관계가 없다. 발끝은 아래로 잡아당겨야 하고, 배와 엉덩이를 달고 있는 척추는 위로 끌어당겨야 한다. 이러다 보니 발레를 하는 동안에는 딴 생각을 할 사이가 전혀 없다. 오로지 나와 동작만이 남는다. 이렇게 원칙대로 자세를 유지하다 보면 나도 모르는 사이에 몸이 뜨겁게 달아오른다. 마치 내가 하나의 양초가 된 것처럼 정말 온몸이 뜨겁다. 살아 있는 양초. 매일 매일이 다른 양초. 매일 비슷한 포즈를 연습하지만, 자세를 바르게 하는 정도나 몸이 뜨겁게 달아오르는 정도는 매일 바뀐다. 그래서 발레는 나에게 나를 보여준다. 발레는 거울이다. 몸과 마음으로 나 자신에 온전히 집중하고 바라볼 수 있는 발레 수업. 발레는 힘들지만 그래도 행복한 명상이다.

작가 프로필

●
전수진

"너는 너, 나는 나, 나로서 충분하다"라는 남들과는 다른 자신만의 고유의 차별점을 발견하고 자신만이 갖고 있는 인생의 시간대(time-zone)에 맞추어 살아가는 것이 행복이라고 믿는 저자는 항상 새로운 세계에 도전하는 활력이 넘치는 삶을 살고 있는 동시에 자연과 더불어 사는 미니멀 라이프를 꿈꾸는 사람이기도 하다.

저자는 일본 오사카 국립대, 네덜란드 뇌 국립 연구소, 미국 하버드 의대에서 연구 활동을 한 뇌과학자이다. 그 이후, 보스턴 한국 총영사관에서 한-미 간 바이오 소통 communication 전문가로서 바이오 대중화를 위해 노력하였으며, 하버드 의대와 MIT 슬론 경영 대학원에서 바이오와 경영을 접목한 Biomedical Enterprise Program을 마친 후 비즈니스 세계에 입문하였다. 미국계 바이오 투자사의 투자 전문가 (벤처 캐피털리스트) 및 삼성바이오에피스 IR (Investor Relations) 및 PR 디렉터를 역임하였다. 현재 바이오 벤처기업인 M5 Bioscience Group 창업자이자 대표로서 바이오 분야와는 떼려야 뗄 수 없는 운명과 같은 인생을 살아왔다. 우리에게 다가올 4차 산업 혁명 시대에서 개인주의자로서의 진정한 행복 혁명을 위해 이 책의 기획을 시작하였다.

+ HOMEPAGE: www.m5bio.com

●
전경욱

"밸런스로 세상을 아름답게"라는 모토로 예술이 의술을 만든다고 말하는 저자는, 성형외과 전문의가 되기까지 누구보다 많은 경험을 통해 지금의 커리어를 만들었다. 첫째 아이가 선천적인 심장질환을 가지고 태어나면서 세상 어떤 부모도 겪기 힘든 좌절과 절망을 겪었다. 스스로 선택하지 못한 경험과 스스로 선택한 경험들이 하나의 점이 되고 이 점들이 모여 선으로 이어질 때 진정한 소확행이 완성된다고 말하는 저자는, 외모를 넘어 인생의 밸런스를 맞춰주는 휴머니스트다.

고려대학교 의과대학을 졸업하고 동 대학에서 성형외과 전공의 과정을 거쳐 성형외과 전문의, 수부외과 세부전문의 자격을 얻었으며 역시 같은 대학에서 의학 석, 박사 학위를 취득하였다. 전문의 자격 취득 후 고려대학교와 단국대학교에서 교수 생활을 하며 선천성 기형을 포함한 재건성형에 관심을 갖고 진료를 하였다. 이후 싱가포르 국립대학교에서 겸임교수(교환교수)를 하는 동안 베트남 등에서 의료봉사를 하였다.

현재는 강남구 신사동에서 더비단 성형외과 대표 원장을 맡고 있으며, 바쁜 일정 가운데서도 꾸준히 고아원 아이들을 위한 의료 봉사를 하고 있다.

+ HOMEPAGE: www.thebidanps.com

●
최민석
상상의 힘으로, 어제의 상상이 오늘의 현실이 되는 삶을 살고 있다. 경상북도 안동의 조그만 마을에서 어린 시절을 보낸 저자는, 더 넓은 세상을 경험하고 싶은 꿈을 실현하기 위해 서울대학교 전기공학부를 거쳐 MIT Sloan 경영 대학원에서 공부하였다. 세계 최고 IT 기업인 삼성전자에서는 스마트폰, 스마트 TV, 반도체 등 IT 산업의 거의 모든 분야에서 글로벌 사업을 경험한 IT 분야 전문가다. 또한, 글로벌 유망 벤처기업에 지분투자 및 인수합병을 다수 진행한 투자 전문가이기도 하다.

여전히 새로운 가능성을 상상하며, 그 꿈을 조금씩 현실로 만들어 가는 과정이 인생에서 가장 소중한 행복이라고 말한다. 그 행복을 다른 이들에게도 알리기 위해 공동저자로 참여하게 된 저자는, 지금도 오늘에 만족하지 않고 새로운 변화를 주도하고 싶은 마음이 젊은 사람이다.

●

김성환

연세대학교 경제학과와 응용통계학과를 졸업한 후 20대 중반의 나이에 해외 증권계에 과감히 투신했다. 불과 7년 만에 7개 이상의 성과를 이루면서 사내에서 7의 행운을 지닌 사나이라는 닉네임을 얻기도 했다. 주어진 일에 하루하루 정신없이 몰두하는 현실주의자로 살면서 명실상부 대한민국에서 손꼽히는 해외증권 애널리스트로 자리 잡게 되었지만, 인생에는 매일같이 다루는 숫자와 물질적인 값어치를 뛰어넘는 본질적인 가치가 있다고 믿으며 가슴속에 항상 낭만을 지니고 있는 낙관주의자이기도 하다. 30대 중반을 바로 눈앞에 둔 현재는, 전문성을 한층 더 확대하는 단계에 진입해 현실적인 목표를 차근차근 이뤄나가고 있다. 일이 인생의 모든 목표는 아니라고 말하는 저자는, 요즘 책 집필을 통해 낭만적이고 신나는 또 하나의 확실한 행복들을 찾아가는 데 재미를 느끼고 있다.

●

김승현

마흔 중반의 나이지만 여전히 꿈을 찾아가고 있는 사람이다. 초등학교를 부산에서 나온 후 친할머니 손을 꼭 잡고 아버지가 살고 계시던 미국으로 건너갔다. 우주에 대한 비밀을 배우기 위해 학부에선 물리학을 전공했다. 이 과정에서 해답보다는 오히려 더 많은 질문들이 생겨났다는 저자는, 질문에 대한 답을 찾아 University of Michigan(MSE, MS)에서 원자력 공학 및 재료공학과 Columbia Business School(MBA) 경영학이라는 과정을 선택했다.

세상에는 여전히 이해하지 못하는 것들 투성이라고 말하는 저자는, 많은 것들을 공부하고 경험하며 공감과 소통의 시대에 걸맞게, 소소하지만 확실한 행복을 확립해야 한다는 신념을 가지게 됐다. 인텔, 삼성전자 등의 국내외 대기업들을 거친 후 현재는 스타트업에서 근무하며 자신만의 소확행을 구축하는 삶을 살아가고 있다.

+ BLOG: blog.naver.com/stevenkim09

●
한정아

경제학과를 졸업했으나 뷰티, 미용 예술 쪽에 심취하게 되어서, 1995년 MBC 분장실에 입사하였다. 1996년부터 헤어파트 분야에서 10년간 근무한 뒤 더 넓은 분야를 보고 싶은 욕구에 1년 정도 미국 유학길에 올랐다. 그 뒤 뷰티업계에 메카로 떠오르는 청담동에 미용실들이 밀집해 있는 공간에 들어가 새로운 도전을 시작하였다. 이후 호원대학교 뷰티학과 겸임교수, 디자이너, 제품개발자, 코리아뷰티를 세계에 알리는 작업으로 미국과 멕시코에 전통 한복 헤어쇼를 진행했다.

저자는 항상 후배들의 발걸음을 좀 더 가볍게 하고 싶은 생각이 넘쳐흐른다. 현재는 강남 신사동에서 헤어 · 메이크업 살롱, '콜라보엑스COLLABO-X'를 운영하고 있으며 아카데미, 애견사업 등으로 확장할 장기계획을 가지고 있다.

"실패 없는 도전은 없다, 도전 없는 삶은 죽은 삶과 같다!"라고 외치는 저자는 모든 직업이 다들 힘들고 어려움이 많겠지만, 특히 미용업은 굳은 신념을 갖고 있지 않으면 견디기 힘든 직업이라고 말한다. 하지만 자신이 하고 싶은 일이 된다면 누구보다 행복한 직업이 될 수 있으며, 지금의 일을 가장 행복한 일상으로 만든 자신을 세상 누구보다도 더 자랑스럽게 생각한다. 기업윤리가 살아있는 사회적 기업으로 장수하는 기업을 만드는 것이 꿈이다. "상상하면 반드시 이루어진다"라는 믿음을 갖고, 늘 도전을 두려워하지 않는 사회의 선배로서 공공의 상생을 실천하는 사람으로 살아가고 있다.

+ E-MAIL: 72ban@naver.com

김미려

스스로를 '취미 부자 홍대 여신'이라 소개하는 평범한 직장인이다. 다양한 호기심을 스스로 충족시켜주는 독한 실행력의 소유자로서, 무언가 하고 싶은 마음이 생기면 꼭 시도해보는 것이 바로 소소한 행복의 근간이라 믿는 '롸잇나우 행동파'이다. 의도하지 않았지만 취미 활동의 본거지가 대부분 홍대 근처이다 보니, 넉살 좋게도 홍대 여신이라 자칭하게 되었다. 여태껏 시도해 본 취미에는 우표 수집, 발레, 도자기 물레 작업, 그림 그리기, 세일링 요트, 피아노, 산조 가야금, 해금 등이 있다. 요즘은 발레, 젠탱글 그리기, 해금 연습에 한창이라고 한다. 나중에 시간이 허락하면 싱잉볼과 다도(茶道)도 배우고 싶어 하는 그녀는 역시나 취미계의 문어발이다.

+ 전시 경력: 제1회 비꼬미꼬 도예 회원전 〈빛, 담다〉 (2016년, KBS 시청자 갤러리)
+ INSTAGRAM : @korzentangle
한국적인 젠탱글을 그리는 가운데 마음 챙김을 실천하는 공간입니다.